SÍNDROME Dr. HOUSE

Luis Carlos Molina Acevedo

Titulo: Síndrome Dr. House

Primera Edición

Copyright ©2016 Luis Carlos Molina Acevedo

©De los Textos: Luis Carlos Molina Acevedo

Autor: Luis Carlos Molina Acevedo

Contacto: lcmolinaa@yahoo.es

http://lcmolinaa.blogspot.com

Diseño de Carátula: Luis Carlos Molina Acevedo

Revisión de Estilo: Luis Carlos Molina Acevedo

Todos los Derechos Reservados

ISBN-13: 978-1530157846

ISBN-10: 1530157846

Sobre el Autor

Luis Carlos Molina Acevedo es Comunicador Social y Magíster en Lingüística de la Universidad de Antioquia, Colombia. Ha publicado los siguientes libros para las Librerías en Línea:

Quiero Volar, El Alfarero de Cuentos, Virtuales Sensaciones, El Abogado del Presidente, Guayacán Rojo Sangre, Territorios de Muerte, Años de Langosta, El Confesor, El Orbe Llamador, Oscares al Desnudo, Diez Cortos Animados, La Fortaleza, Tribunal Inapelable, Operación Ameba, Territorios de la Muerte, La Edad de la Langosta, Del Donjuanismo al Vampirismo Sexual, Imaginaria de la Exageración, La Clavícula de los Sueños, Quince Escritores Colombianos, De Escritores para Escritores, El Moderno Concepto de Comunicación, Sociosemántica de la Amistad, Magia: Símbolos y Textos de la Magia, ¿Hay Alguien Afuera del Muro?, Síndrome Dr. House.

I Want to Fly, From Don Juan to Sexual Vampirism, The Clavicle of Dreams, The Imaginary of Exaggeration, The Modern Concept of Communication, For Writers by Writers, and Is There Anybody Out The Wall?

Contenido

Presentación

SÍNDROME Dr. HOSE es un ensayo sobre un tipo de comportamiento psicópata en algunas personas. Se caracteriza por la capacidad inconsciente de la persona de evadir una dolencia emocional mediante una dolencia física. Estas personas no saben por qué se comportan así. Ello se debe a una disociación entre los hemisferios cerebrales. El hemisferio derecho realiza procesos sin pasar por la racionalidad del hemisferio izquierdo.

Las personas con este síndrome, tienen gran capacidad para mentir, engañar a los demás. Siempre son evasivas ante cualquier cuestionamiento hacia ellas. Creen sentir una dolencia física, pero sólo es una sensación confusa producida por su dolencia emocional. Se vuelven adictas a los fármacos como una forma de paliar su malestar. Desarrollan gran capacidad para manipular a los demás. Son infelices, insatisfechas, solitarias y con una gran facilidad para la simulación.

Quizá seas una persona con el Síndrome Dr. House y no lo sepas. Tal vez a tu alrededor hayan personas con el síndrome y no sepas reconocerlas. Aquí exploramos los síntomas de este comportamiento psicópata y los posibles factores de su génesis. Para facilitar la comprensión de este comportamiento, se toma como ejemplo el personaje central de la serie de televisión "House M.D."

Primera parte

HACIA EL SÍNDROME

Con el nombre Síndrome Dr. House designo aquí a un cuadro de síntomas de comportamiento de algunas personas frente a la salud en la era neoliberal. Dicho cuadro se caracteriza por los siguientes síntomas:

1. La mentira

2. La dolencia

3. La adicción

4. La manipulación

5. La infelicidad

6. La insatisfacción

7. El cansancio

8. La soledad

9. La simulación

Una persona con Síndrome Dr. House es alguien quien atribuye a problemas de salud, sus problemas existenciales. Estas personas no se sienten bien con su forma de vida, pero en vez de revisar ésta, consideran todo su malestar como si fuera una enfermedad. Estas personas han terminado por ser un problema para ellas mismas, sus familiares, personas a su alrededor y para los sistemas de salud.

La realidad de este síndrome ha sido captada perfectamente por el arte. El arte tiene esa gran cualidad de hacernos ver de forma definida aquellos fenómenos disueltos en la cotidianidad de la vida diaria. El arte le da forma independiente a los componentes de la masa difusa de la realidad.

En la serie de televisión "House M.D.", el doctor House con su doble condición de paciente y médico, presenta comportamientos, los cuales son excelentes ejemplos para explicar las características del síndrome aquí expuesto. A pesar de ser una creación ficticia, en este personaje se incorporan elementos de la realidad cotidiana para ayudarnos a entender mejor cuanto sucede con la salud en la era neoliberal.

Se podría haber dado cualquier nombre a este síndrome. Se podría, por ejemplo, haber llamado el Síndrome de la Desesperanza. También se podría haber llamado el Síndrome Baudelaire. Quién al leer "Las Flores del Mal" del Charles Baudelaire no ha sentido la miseria existencial como una experiencia encarnada. La lectura hace vivir la desazón creada por el poeta francés en sus versos. Pero se optó por darle el nombre de Síndrome Dr. House, por la posibilidad de tomar de la serie "House M.D.", ejemplos para ilustrar las características de este síndrome.

El objetivo del presente ensayo es mostrar las característica de lo aquí denominado Síndrome Dr.

House. Luego se desarrollarán una serie de temas para tratar de establecer la génesis de este síndrome. Los temas referidos son los siguientes:

1. Asistencia sanitaria universal

2. Los Tres Reyes Magos de Harvard

3. El Obamacare

4. El sistema de salud

5. La enfermedad como camino

6. La intoxicación

7. La industria farmacéutica

8. El neoliberalismo

Sobre estos nueve síntomas y estos ocho temas trata el presente estudio. Los ocho temas nos ampliaran el marco de referencia o marco teórico para entender la génesis del síndrome en la era neoliberal y serán desarrollados en la sección titulada "Génesis del Síndrome". Y los nueve síntomas nos ayudarán a caracterizar el síndrome. Ellos serán analizados en la sección titulada "Síndrome Dr. House".

Antes de entrar en materia, es importante precisar algo fundamental. Las afirmaciones hechas en este ensayo, están basadas en la bibliografía incluida al final de este libro.

Luis Carlos Molina Acevedo

Segunda parte

SÍNDROME Dr. HOUSE

Una persona con Síndrome Dr. House es alguien quien atribuye a problemas de salud, sus problemas existenciales. Estas personas no se sienten bien con su forma de vida, pero en vez de revisar ésta, consideran todo su malestar como si fuera una enfermedad. Estas personas han terminado por ser un problema para ellas mismas, sus familiares, personas a su alrededor y para los sistemas de salud, incluso para la sociedad.

La serie de televisión "House M.D." pareciera estar desarrollada a partir del concepto de "Simulación", planteado por los autores del libro "La Enfermedad como Camino". Allí se insiste en las mentiras, engaños y simulaciones del ser humano en relación con su salud. La premisa de "Todos Mienten" con la cual se construye el argumento de la serie, así lo sugiere. El protagonista la repite una y otra vez, como recordatorio para no olvidar este ingrediente importante al interpretar el simbolismo de cada caso de diagnóstico. La curación del paciente solo es posible cuando se descubre la verdad de lo ocultado por el paciente. Ello demanda en casi todos los casos irrumpir en la intimidad y la privacidad de los pacientes. Se les allana, sin su conocimiento, el lugar de residencia para desvelar sus secretos. Este proceso en la serie, pareciera poner en práctica el principio de la enfermedad como camino, en el sentido de la necesidad de sincerarse para alcanzar la curación. En la serie, la sinceridad se accede por métodos indirectos, como los ya referidos. Descubrir la vedad detrás de las mentiras del paciente, es el paso inicial para avanzar en el diagnóstico.

House M.D.

Es una serie de televisión estadounidense estrenada en el año 2004 por la cadena Fox y finalizada en 2012. Esta serie fue creada por David Shore, quien además es productor ejecutivo junto a otros. El personaje central es el Dr. Gregory House, un genio médico, irónico, satírico y poco convencional e inconformista. Él dirige un equipo de diagnóstico.

El argumento fue idea de Paul Attanasio, basándose en una columna médica escrita por la Doctora Lisa Sanders en el periódico The New York Times. A David Shore se le ocurrió la creación de los personajes después de visitar un hospital universitario.

La serie gira alrededor del Dr. Gregory House, un genio de la medicina, ególatra y de personalidad sarcástica. Su departamento de diagnóstico lo conforman tres o cuatro médicos, además de él mismo, según la temporada.

Al departamento de diagnóstico se le asignan casos complejos. House los enfrenta de forma impersonal, evitando el trato directo con los pacientes. Por regla general, en cada capítulo el equipo debe diagnosticar un caso difícil y para ello atraviesa todo un proceso investigativo, lógico y empírico, exponiendo y descartando diversas hipótesis hasta resolverlo.

House es adicto a la hidrocodona (Vicodína). La usa para controlar su dolor, derivado de un infarto en un músculo de su pierna derecha, ocurrido años atrás, debido a un mal diagnóstico. El accidente lo obliga a caminar con un bastón. Sin embargo, deja su adicción en la sexta temporada. Utiliza métodos poco ortodoxos para diagnosticar. Esto le ocasiona varios conflictos con sus colegas. Demuestra falta de respeto por las normas, procedimientos y protocolos establecidos y escaso interés en llevar a cabo otras tareas médicas diferentes a la resolución de casos complejos.

Según David Shore, el creador, el personaje está inspirado en Sherlock Holmes. En la serie se hacen referencias a Holmes, sobre todo por la capacidad de ambos de resolver lo imposible y por la adicción a las drogas. Holmes es adicto al opio, a la cocaína y a la morfina, y House al Vicodín. Ambos utilizan la deducción para resolver problemas. Ambos llevan bastón y son prepotentes. Comparten su afición por la música. El detective era violinista, el médico toca el piano y la guitarra.

El título de la serie está subrayado y tiene el "MD" a su lado, siendo el logotipo de la serie. "MD" significa Medical Diagnostic. De esta manera, el nombre de la serie es "House Medical Diagnostic" (House, Diagnóstico Médico). Los productores querían incluir la imagen de un bastón junto a una botella de Vicodín en la presentación inicial de cada capítulo, pero Fox la rechazó. De igual forma, una idea central, desde la concepción de la serie, consistía en tener un personaje con discapacidad. Inicialmente House debía ir en silla de ruedas, pero la Fox lo rechazó y al final cambiaron a una herida en su pierna y el uso de bastón para caminar.

El título del piloto fue "Everybody Lies" (Todo el Mundo Miente). Este título se convirtió en la premisa del argumento. Alrededor de esta premisa se crea un personaje central interesante. Él examina las características personales de los pacientes y diagnostica sus dolencias al averiguar sus secretos y mentiras.

House ha gozado de la preferencia de la crítica y del público desde su lanzamiento, convirtiéndose en uno de los programas televisivos más vistos en los Estados Unidos y en todo el mundo. Ha recibido diversos reconocimientos y nominaciones. Destacan, un premio Peabody, dos Globos de Oro y tres premios Emmy. Fue la serie más vista en 2008, con un promedio de 82 millones de personas en 66 países.

El 8 de febrero de 2012, los productores de la serie, David Shore y Katie Jacobs, así como su protagonista Hugh Laurie (House), dieron a conocer a través de un comunicado de prensa, el final de la serie cuando terminara la octava temporada.

Ficha técnica

Género: drama médico, comedia dramática

Creador: David Shore

País de origen: Estados Unidos

Ambientación: tiempo actual

Idioma: Inglés

Temporadas: 8

Episodios: 177

Productores Ejecutivos: Paul Attanasio, Katie Jacobs, David Shore, Bryan Singer, Russell Friend, Garrett Lerner, Thomas L. Moran, Hugh Laurie.

Actores Principales: Hugo Laurie (House), Lisa Edelstein (Cuddy), Robert Sean Leonard (Wilson), Jesse Spencer (Chase), Jennifer Morrison (Cameron), Omar Epps (Foreman), Olivia Wilde (Trece), Peter Jacobson (Taub), Kal Penn (Kutner).

Cadena: Fox

Duración episodio: 43 minutos aproximados.

Primera emisión: 16 de noviembre de 2004.

Última Emisión: 21 de mayo de 2012.

Médico y paciente

Al comienzo de esta sección señalábamos como la trama de la serie parecía estar creada a partir del concepto de simulación, desarrollado en el libro "La Enfermedad Como Camino", cuya revisión se abordará más adelante en la sección "Génesis del Síndrome". Pero quizá la referencia más clara se presenta en el capítulo 24, titulado "Ambos Lados de la Moneda", de la Quinta Temporada. En este capítulo resulta fácil establecer la relación entre el contenido del libro y el argumento de la serie. Este capítulo se nos ofrece como un gran resumen de toda la serie. La trama gira alrededor de un paciente quien presenta una disociación entre los dos hemisferios cerebrales. El hemisferio derecho lo obliga a comportarse distinto a como lo hace bajo el influjo del hemisferio izquierdo. El hemisferio derecho se burla del izquierdo para hacerlo quedar mal, y de paso se burla de la persona en sí.

"Ambos Lados de la Moneda" nos habla de la doble condición del ser humano. Habla de la doble condición de House, el House médico y el House paciente. Nos habla del hemisferio izquierdo y del hemisferio derecho del cerebro. Este capítulo desarrolla cuatro diagnósticos paradójicos:

1. House médico descubre la mentira de House paciente.

2. House médico descubre la mentira de House médico.

3. House paciente descubre la mentira de House médico.

4. House paciente descubre la mentira de House paciente.

Estos cuatro diagnósticos constituyen el diagnóstico perfecto. Es la obra maestra de la ciencia médica, en términos de interpretación de síntomas. Es la máxima sinceridad alcanzable para una persona. Es el camino perfecto para curar la enfermedad hacia la trascendencia. Al lado de estos cuatro diagnósticos, también se establecen dos correlaciones básicas:

1. House médico se corresponde con el hemisferio izquierdo del cerebro.

2. House paciente se corresponde con el hemisferio derecho del cerebro.

Hay cuatro diagnósticos para ambas caras de la moneda: médico y paciente. Además, se establecen dos correlaciones: hemisferio izquierdo y derecho del cerebro. El House médico es racional, deductivo, lógico. Busca respuestas, le concede sentido a todo, interpreta cada elemento. El House paciente es creativo, totalizante. Es ilógico, no elige detalles para ver, hace conexiones difíciles de observar.

Síndrome Dr. House

El capítulo 24 de la Quinta Temporada es un juego de lógica en donde el mundo de House se desbarata por completo. House es mostrado en sus ambivalencias y es puesto al descubierto con sus mentiras, largamente ocultadas bajo el efecto del Vicodín. Las miserias existenciales de House son expuestas en público. Los diálogos en este capítulo brindan bastantes elementos para caracterizar el Síndrome Dr. House. He usado indicaciones de la línea de tiempo en el formato minutos segundos (00:00) para una mejor referencia del lector. Los siguientes son algunos diálogos del capítulo 24, temporada 5:

07:07. Trece le dice a Taub:

— ¿No te asusta un poco este paciente?

—No

—Si él es dos personas, entonces todos somos dos personas pero no lo sabemos. ¿Qué dice eso de la identidad?

—Dice que la maquillamos para poder continuar, lo cual es liberador.

Este diálogo plantea una realidad cotidiana de la persona con el Síndrome Dr. House. Consciente o inconsciente tiene una doble personalidad. Ellas maquillan la identidad para poder continuar.

10:26. House deja caer unas imágenes térmicas de Cuddy sobre el escritorio de Wilson y dice:

—Pruebas

—No hablaste con ella, ¿cierto?

—Si lo hiciera, ella mentiría y yo también. Y aunque dos negativos hacen uno positivo, pensé que las imágenes térmicas serían más simples. ¿Ves cuántas áreas calientes aparecen luego de menos de un minuto conmigo?

—Así que es amor o posiblemente ira.

—No le digas nada

—No planeo decirle nada

—La manipulación está en tu código genético. Crees que cometo un error y vas a corregirlo.

—Estas equivocado.

—Ella me mintió. O yo anoche y debo averiguar cuándo y por qué.

—Y por supuesto una imagen termal es la forma. Esto no es un caso, estás buscando un diagnóstico. Si esto es importante para ti, por una vez en tu vida, compórtate como un adulto.

Este diálogo nos presenta varios elementos del Síndrome Dr. House. La persona con el síndrome ha aprendido a mentir y a considerar cada mentira como si fuera verdad. Este aspecto dota de convicción al comportamiento de la persona y por eso para otras personas es difícil darse cuenta de sus mentiras.

Otro aspecto importante del diálogo, es el factor de la manipulación. La persona con el Síndrome Dr. House es como si llevara esta habilidad en los genes. Es capaz de manipular a las personas a su alrededor, sin ellas darse cuenta de ser usadas.

12:00. House habla con su equipo mientras le hacen pruebas al paciente de los hemisferios cerebrales disociados:

—Y eso es el hemisferio izquierdo. Damas y caballeros, el lado que está obsesionado por hallar respuestas y quiere que todo tenga sentido o el interprete. Ahí es donde contamos la historia de quiénes somos y por qué hacemos las cosas.

Taub responde: Y es el lado que estaba mal. El lado derecho tiene la ventaja de que no es lógico. No elige qué detalles mirar. Y hace conexiones que nunca podrás ver. Le debe su poder de percepción al perdedor silencioso.

Este diálogo nos da una pista de la naturaleza del Síndrome Dr. House. Quizá este síndrome se deba a una disfunción de los dos hemisferios cerebrales. Puede darse una especie de disociación entre el hemisferio izquierdo y el derecho. Tal vez el hemisferio derecho bloquea intermitentemente el hemisferio izquierdo. Este bloqueo lleva a perder cierto grado del principio de realidad y lleva a la persona a comportarse como si viviera una falacia.

15:11. Wilson le dice a House:

—Creo que usas tu relación con Cuddy como un reemplazo de las drogas. Deberías tener más dolor en cuanto empezó la desintoxicación pero tu cuerpo está lleno de endorfinas románticas. Y además, creas esa distracción de buscar pruebas… Cuddy no es un sustituto del Vicodín.

En este diálogo, Wilson comienza a sospechar del comportamiento de House. Algo no está bien. Si dejó el Vicodín, debería tener dolor. Pero no solo está libre de dolor, también usa argumentos poco razonables para explicar su conducta. El hemisferio derecho le está jugando una mala pasada al hemisferio izquierdo, el de la razón, el de la cordura, el de la lucidez, el del principio de realidad al tope.

El siguiente diálogo, en mi concepto, aporta el elemento fundamental para caracterizar el Síndrome Dr. House:

30:20. Hosue le pregunta a Wilson:

—Por qué no hay lápiz labial en este vaso. Cuddy usaba lápiz labial cuando bebió de él. Yo lo tenía en mi cara. Por qué no está en el vaso.

—**¿Por qué siempre es razonable en houselandia, tomar un problema emocional y evitarlo, convirtiéndolo en un problema mecánico?**

Esta pregunta de Wilson pone al descubierto la esencia del Síndrome Dr. House. En el mundo de la persona con el síndrome, siempre es razonable tomar un problema emocional y evitarlo, convirtiéndolo en un problema mecánico, físico. Ante esta pregunta, House responde:

—Porque en Houselandia y en el resto del universo, por cierto, cuando se presenta un interrogante, se pide una respuesta.

—Si el hemisferio izquierdo es el intérprete de la realidad y el que nos cuenta la historia de quiénes somos, ¿cuál es tu historia? Quieres ser el hombre con las respuestas o quieres ser el hombre con Cuddy.

Síndrome Dr. House

El problema de la persona con el Síndrome Dr. House es ese, tiene una historia engañosa para contar, tejida por el hemisferio derecho.

Este diálogo apunta a los elementos fundamentales para caracterizar el Síndrome Dr. House. La persona con el síndrome se comporta exactamente así. Ella evita los problemas emocionales, convirtiéndolos en problemas mecánicos. Es evidente el trastorno del hemisferio izquierdo al experimentar como real una alucinación. El hemisferio derecho está haciendo sentir todo su poder para imaginar historias y hacerlas pasar por la realidad misma.

37:00. House descubre la alucinación sobre su desintoxicación y su relación íntima con Cuddy. Realmente ella se va a casa y no a ayudar a House a desintoxicarse. Ahora empieza a recordar lo sucedido en realidad. Todo ha sido un efecto de una sobredosis de Vicodín. Lleva su mano derecha al bolsillo derecho de su chaqueta para sacar el labial supuestamente olvidado por Cuddy en el lavamanos del apartamento de House. Es la prueba de lo supuestamente sucedido. Pero en lugar del labial, House saca el frasco de Vicodín. Éste se convierte en la prueba de la alucinación vivida. Convence a House de la necesidad de internarse en un hospital psiquiátrico para rehabilitarse.

El frasco de Vicodín cae al piso. Al cerebro de House aflora el recuerdo de lo sucedido. La alucinación desaparece y se suceden las imágenes de la realidad. Por primera vez House se reconoce a sí mismo. Descubre su propia mentira. El peso de la evidencia lo lleva a sincerarse. Ahora conoce la verdad. No tuvo intimidad con Cuddy. No encontró la huella del lápiz labial en su mejilla, cuando se miró al espejo en la mañana. Durante el día no jugó con el lápiz labial entre sus dedos, como muestra de su trofeo de caza. En realidad jugaba con el frasco de Vicodín.

House despierta como de un sueño profundo de inconsciencia. Ahora todo se ha hecho claro en su mente. Amber, la novia muerta de Wilson, aparece a su lado y le habla cerca del oído derecho:

—Así que esta es la historia que inventaste sobre quién eres. ¡Es tan hermoso!

Amber usa un tono irónico al decir "Es tan hermoso". Luego aparece Kutner, el médico del equipo de House quien se suicidó, y dice:

—Lástima que no es cierta.

Los muertos se le aparecen a House para ayudarlo a tomar consciencia de la alucinación, del autoengaño. Por primera vez, House dice:

—No me encuentro bien.

Fue su acto de sinceridad existencial. Siempre negó su problema. Por primera vez reconoce el simbolismo de la enfermedad, interpreta el mensaje de su adicción al Vicodín. Toma la decisión deliberada de solucionar el problema. El capítulo 24 de la Quinta Temporada termina con House ingresando al Hospital Psiquiátrico de Mayfield (Mayfield Sychiatric Hospital).

La trama de este capítulo es una referencia directa a la tesis central del libro "La Enfermedad Como Camino". Pero además de hacer referencia a la tesis central del libro, dicho capítulo se convierte en la piedra angular para entender el Síndrome Dr. House. Como en ningún otro, House se nos presenta en su doble condición de médico y paciente. Es un médico dedicado a diagnosticar pacientes y a la vez es el paciente a quien se debe diagnosticar. Esa es la gran paradoja ofrecida por la serie House M.D.

Para terminar este tema sobre los dos lados de la moneda, se debe hacer la conversión de lo ejemplificado con el personaje House, a lo ocurrido en general con las personas. El Síndrome Dr. House hace aparecer a las personas como constituidas por dos personalidades disociadas: una persona racional y una persona emocional. Son los dos lados de la moneda. De esta manera, el diagnóstico de House médico y paciente, quedaría de la siguiente manera:

1. La persona racional descubre la mentira de la persona emocional.

2. La persona racional descubre la mentira de la persona racional.

3. La persona emocional descubre la mentira de la persona racional.

4. La persona emocional descubre la mentira de la persona emocional.

Como se dijo al comienzo, este sería el diagnóstico perfecto. Quizá esta sea la única forma de curar el Síndrome Dr. House, porque ni la medicina académica, ni la terapia psiquiátrica es capaz de hacerlo. Ello se debe a sus diagnósticos a medio camino.

A su vez, las dos correlaciones quedarían de la siguiente manera:

1. La persona racional se corresponde con el hemisferio izquierdo del cerebro.

2. La persona emocional se corresponde con el hemisferio derecho del cerebro.

El paciente

La Sexta Temporada comenzó con un capítulo de dos horas, titulado "Quebrado". En el se muestra al House paciente. Aquí no tiene esa doble condición de médico y paciente. Ahora solo es el paciente. En una primera fase logra desintoxicarse del Vicodín, entonces intenta abandonar el hospital psiquiátrico. El psiquiatra Nolan logra convencerlo de enfrentar la segunda etapa, la curación de su mente, de su dolor mental, bajo la promesa de hacer una recomendación, así podrá recuperar su licencia médica.

03:15. House le dice a Nolan:

—No puedes retenerme.

—Dr. House, te ves mucho mejor.

—Estoy mucho mejor. Nada de analgésicos, nada de alucinaciones. Me duele la pierna, pero es controlable.

—Buen trabajo.

—Te voy a extrañar. Quiero empezar a extrañarte tan pronto como sea posible.

—Bueno, legalmente, eres libre de irte cuando quieras. Pero sugiero que te quedes.

—Lo tomare en consideración.

—Si creíste que las alucinaciones se debían a tu problema con el Vicodín, ¿por qué no te registraste en un centro de rehabilitación?

—Fui engañado al pensar que podía estar loco.

—Pero estuviste abusando del Vicodín por años. Nunca tuviste delirios, problemas para dormir, nunca tuviste problemas aparte del narcisismo y la conducta antisocial, hasta que dos colegas murieron. Tu padre murió. Tus problemas son más peligrosos que el Vicodín.

—Bueno, eso no me va a animar, ¿verdad?

—Tienes que ser transferido a nuestro pabellón de atención continua, empezar con medicación, psicoterapia.

—Sí, lo entiendo. Sólo una cosa que me pone ansioso. Me puedo ir cuando quiera. ¿Que te parece empezar con eso?

—No puedes volver a ejercer la medicina.

—No quiero ejercer la medicina. He decidido que quiero ser astronauta.

—Bueno, si quieres tu permiso de astronauta, necesitarás mi recomendación.

— ¿Es ese un tratamiento nuevo y popular, el chantaje?

—Tienes que recuperarte.

Este diálogo enfrenta por primera vez a House con el psiquiatra Nolan. House ha irrumpido en la oficina del psiquiatra para exigir su derecho a marcharse, pues él ingresó allí voluntariamente. Nolan le hace entender el motivo de su presencia allí. No es para desintoxicarse del Vicodín, sino para curar su dolor mental. Él tiene un problema emocional y para evadirlo lo convierte en un problema mecánico, en un dolor físico. Se escuda en su pierna infartada para justificar su adicción a mentir y manipular a las personas con quienes se relaciona. La emoción disfrazada de mil maneras para no enfrentarla, es su sentimiento de culpa por las muertes de Amber y Kutner. El autoengaño termina desbaratando toda su psiquis y ya no sabe qué es la realidad. Su hemisferio izquierdo se ha echado a perder. Ya no es capaz de diferencia entre la realidad y la imaginación.

23:45. House se sigue negando a reconocer la verdadera naturaleza de su mal. Con engaños a sus compañeros y al personal del hospital psiquiátrico, logra llegar hasta la zona del teléfono. Llama a Wilson para urdir otra de sus manipulaciones hacia Nolan. Wilson contesta la llamada:

— ¿House?

—No, es tu otro amigo del manicomio.

— ¿Cómo estás?

—Las alucinaciones se fueron, lo mismo que el Vicodín.

— ¿Cómo está la pierna? ¿Cómo está el dolor?

—Me dieron un analgésico no narcótico. Lo estoy afrontando.

Este diálogo muestra otra de las características del Síndrome Dr. House. Con el lenguaje, la persona parece reconocer su verdadero estado, pero no es consciente de cuanto dice. Cuando Wilson pregunta si es House, él responde no, es tu otro amigo del manicomio. Su lenguaje refleja la disociación de comportamientos, pero su consciencia se niega a aceptarlo. La cura no es real hasta cuando el lenguaje emerge de la consciencia de la persona. Cuando el síndrome gobierna el comportamiento de la persona, su lenguaje pareciera emerger del subconsciente.

36:23. House acude a la oficina de Nolan para demostrar desde su racionalidad, su curación total, sin la necesidad de medicamentos. Nolan le dice a House:

— ¿Así que tu prueba de bienestar es que mentiste?

—Manipulé. Mi prueba es que puedo engañar el análisis, puedo engañarte, lo que significa que estoy en un elevado nivel funcional. Soy cuerdo, racional, capaz. No debería estar aquí.

Las personas con el Síndrome Dr. House sólo experimentan bienestar cuando mienten, cuando logran engañar al otro. A su vez, creen tener un elevado nivel funcional por ello. Se creen personas cuerdas, racionales, capaces porque pueden engañar a otros sin ser descubiertos. Nolan le pregunta a House:

— ¿Estas son tus pastillas de hoy?

—No voy a tomarlas. Lo revisaré de nuevo.

—Lámela.

— ¿Quieres que lama tu mano?

—La lavé.

—Es azúcar.

—Los resultados de tus pruebas fueron mejorando de forma muy regular, y muy rápida. Me preocupa que no estuvieras tomando tus pastillas, que todo fuera una actuación. Así que te cambié a un placebo para ver si tus mejoras continuarían. Tus pruebas psicológicas no me dijeron nada, pero las de orina me dijeron que estabas fingiendo. Tienes que dejar de pelear contra el sistema. Tienes que dejarme trabajar.

La estrategia de Nolan termina por derrotar la racionalidad de House. No es tan racional, tan cuerdo, tan funcional como su hemisferio derecho le hace creer. Uso la simulación para engañar al psiquiatra, pero realmente se estaba engañando a sí mismo. La simulación es eso, la capacidad de mentirse a uno mismo. Esa es la triste realidad de la persona con el Síndrome Dr. House. Ni siquiera tiene la capacidad para darse cuenta de cómo todos sus trucos para engañar a otros, van tejiendo la telaraña de mentiras en la cual termina atrapada.

43:06. House continúa negándose a reconocer su delirio de hombre enfermo. Enredado en su telaraña de engaños a sí mismo, insiste en demostrar cómo él tiene la razón y no los demás. Decide llevarse a otro paciente del hospital, a Steve, a un parque de diversiones para aliviarle la depresión. En un descuido de House, el paciente salta al vacío desde una terraza y se fractura varias partes de su cuerpo. Nolan le dice a House:

—Todo en tu vida ha sido sobre hallar la verdad. Pero de pronto con este chico, decides reafirmar el delirio de un hombre enfermo. Solo querías fastidiarme. No te importa salir. No te importa él. Ni siquiera de importa la verdad. No te importa nada House.

—Nolan, necesito que me ayudes.

Con este diálogo comienza el camino hacia la curación de House, más no a su trascendencia. El psiquiatra se da cuenta de la gran obstinación de House, capaz de causar daño a otros por fastidiar a quien no se deje manipular por él. Le comunica su incapacidad para hacer algo por él y por eso lo transferirá a otro hospital. Cuando Nolan camina para alejarse, House se aferra al bote salvavidas y pide ayuda. Emprende el camino hacia la curación, más no logra curarse porque no existe cura para el Síndrome Dr. House desde la medicina académica.

44:22. House está en la oficina de Nolan. Está allí para iniciar una terapia real con el psiquiatra, para dejar a éste hacer su trabajo. Nolan le pregunta por dónde quiere empezar y House responde:

—Me han pasado como un millón de cosas en la vida, como saber cuáles son relevantes.

— ¿Qué quieres?

—Recuperarme o lo que eso signifique. Me harté de ser miserable.

La persona con el Síndrome Dr. House lleva una existencia miserable. Ella lo sabe, pero no es capaz de ir hacia una vida feliz, así se encuentre con un tratamiento milagroso ante sus ojos. El hemisferio derecho siempre encontrará la forma de torpedear todo intento de la voluntad hacia la curación. Nolan le pregunta a House:

— ¿Te gustaría ser feliz?

—Otra vez con reflexiones. Sí me gustaría ser feliz.

—Ser feliz es una excelente meta. Muy pocos pacientes logran cristalizar lo que esperan sacar de esto.

—Un punto para mí.

—Y ahora lo que debemos imaginar es cómo llevarte de aquí a la felicidad.

— ¿Antidepresivos? ¿Esa es tu genial técnica?

—No podemos descartar ninguna ayuda. Sé que no tienes problema en tomar drogas.

—Por mi pierna, para el dolor.

—Y esas son para el dolor psicológico nada más.

El psiquiatra ha descubierto el origen del malestar de House, de su miseria. Es un dolor psicológico pero no sabe cómo se cura eso. Sólo tiene una intuición de ellos y se aventura a la experimentación. House dice:

—No cambiaré lo que soy.

En el fondo, House sabe la verdad. No hay curación para su mal, pero quiere tener fe en otro acto de autoengaño para no perder la esperanza en la vida. Nolan le replica:

— ¿Miserable? ¿Crees que por tomar medicamentos perderás el toque?

En este diálogo, hay un reconocimiento consciente de House sobre la necesidad de curarse. Me harté de ser miserable, es el gran significado del síntoma. El dolor psicológico es el verdadero problema, no el bastón, no la cojera de la pierna derecha. El problema mecánico comienza a ser interpretado como en realidad es, un problema emocional. El Síndrome Dr. House estaría en vías de ser curado, si la tesis del libro "La Enfermedad Como Camino" fuera suficiente. Pero la autoconciencia sobre el significado de los síntomas de la enfermedad, no es suficiente. La persona debe poseer una base bioquímica sólida para poder avanzar a la interpretación del simbolismo. Este aspecto se pasa por alto en esta perspectiva interesante sobre la enfermedad. Pero esto no analizaremos más adelante.

45:49. House acude para la terapia con Nolan. House se niega a doblegar su racionalidad. Continúa su crítica hacia el método de Nolan y le dice:

—Si Van Gogh hubiera sido tu paciente, se hubiera conformado con pintar casas en lugar de La Noche Estrellada.

—Van Gogh podría haber seguido haciendo pinturas inspiradas del cielo nocturno, solamente que quizás no las hiciera desde la habitación de un manicomio.

—Eso no lo sabes.

—Sé que sus dos orejas estarían intactas y sé que su vida hubiera sido mejor. Sé que esto no es natural para ti. Pero quieres mi ayuda, lo que significa que tienes que confiar en mí.

El enfermo emocional sigue apegado a una racionalidad engañosa. El Síndrome Dr. House le hace ver a la persona como poco naturales los procedimientos usados para su curación. En el fondo se sigue resistiendo a ser curada. La principal complicación del síndrome es esa. Las personas con este síndrome acuden con frecuencia a los hospitales, a los médicos para ventilar su pretendida dolencia mecánica, pero esto es sólo una estrategia para evitar la curación. La persona no quiere curarse porque la pretendida enfermedad representa para ella una ventaja competitiva. Con ella puede manipular a los demás para obligarlos a satisfacer sus caprichos.

46:52. Huose hace la fila para recibir el medicamento. El paciente Rapero, Alvie, se le acerca y le pregunta:

— ¿Por qué estás aquí?

—Estoy esperando la hostia de la comunión.

—Los engañaste, ¿verdad?

—No

—Dime que los engañaste.

—Me las tomé.

—No, no lo hiciste. Nosotros no tomamos medicamentos.

—Tú no tomas medicamentos, Alvie. Decidí curarme.

—Los estas engañando de nuevo. Puedes decírmelo.

—No los estoy engañando, Alvie.

—Te quebraron.

—Ellos no me quebraron. Yo estoy quebrado. Ahora deja de adorarme y preocúpate por tu vida de perdedor.

—Te odio.

Este diálogo refleja fielmente cuanto debe suceder si una persona quiere curarse del Síndrome Dr. House. No son los demás quienes deben quebrarla, doblegarla. Debe ser ella quien se quiebre a sí misma. Por eso es tan difícil curar el Síndrome Dr. House. Debe darse una epifanía especial para descubrir el camino de salida desde la telaraña de engaños tejida alrededor de sí misma. Son pocas las personas quienes logran curarse de este síndrome. Con cada nuevo engaño se hunden más en el pozo psíquico de donde es difícil salir.

52:11. Nolan organiza una reunión social para los pacientes y sus familiares, como una forma de llevarlos a socializar con otros. El psiquiatra le asigna una misión a House. Avanzada la reunión, le pregunta a House:

— ¿Te estas divirtiendo?

—Hice conexión con un tipo. Pero entonces mi propensión a arruinar las cosas se apoderó de mí. Entonces mi deseo de divertirme superó a mi propensión.

—No lo arruinaste. La misión no era que confiaras en las personas con toda tu alma. La misión era enseñarte que puedes confiar. ¿Alguna de esas personas te molestó por ser el detestable mujeriego o el productor de pornografía que pensaron que eras?

¿Por qué piensas que las personas te tratarían peor si supieran la verdad?

Las personas con el Síndrome Dr. House les da dificultad sobreponerse a su impulso de manipular. Quizá lo llevan en los genes. Tal vez es un instinto animal exaltado en ellas. House reconoce cómo su propensión a arruinar las cosas se apoderó de él. Es consciente de su impulso, pero su voluntad de controlarlo es menor. House logró controlarlo aumentando su deseo de diversión. Este es otro rasgo característico del síndrome. Las personas pierden la capacidad de divertirse. Permanecen aburridas hasta en la fiesta más animada.

56:30. Nolan y House están de nuevo en terapia. El psiquiatra le dice:

—Cuando evades eres más efectivo que cuando no eres honesto.

—Obviamente no tienes problemas con lo de la infidelidad.

—Estás tratando de racionalizar que, "si está bien para tú médico, está bien." Pero solamente para que conste, no estoy teniendo una aventura.

En este diálogo el psiquiatra pone de manifiesto las constantes evasiones de la persona con el síndrome. Siempre están disfrazando de racionalidad cualquier episodio para justificar su comportamiento. Son altamente eficaces para la evasiva y poco eficaces para ser honestos, ser sinceros, decir la verdad.

59:06. De nuevo Nolan y House están en terapia. El médico le pregunta a House:

— ¿Por qué le das más valor a tus fracasos que a tus éxitos?

—Mi madre me descubrió masturbándome con fotografías de su madre.

— ¿Podemos dejar atrás estas lindas evasiones?

—El éxito solamente dura hasta que alguien lo arruina. Los fracasos son para siempre.

—Así que aceptas ese hecho. Aceptas que no hay nada que puedas hacer.

—Está bien, acepto el hecho que no hay nada que pueda hacer. Ahora, ¿qué puedo hacer?

—Asimilas tu fracaso y sigues adelante. Te disculpas.

—Las disculpas son cosas poderosas. Haces que alguien salte de un edificio. Dices las palabras y sigues adelante con tu vida. Difícilmente parece justo.

— ¿Ese es el punto? Le causaste dolor. Si el mundo fuera justo, ¿tendrías que sufrir un dolor igual? No eres Dios, House. Sólo eres otro ser humano arruinado que necesita seguir adelante. Discúlpate con él. Permítete sentirte mejor. Entonces podrás aprender a permitirte seguir sintiéndote mejor.

Las personas con el Síndrome Dr. House tienen grandes dificultades para reconocer sus errores. Siempre están apelando a lo justo como medio para evadirse de sus responsabilidades. Para ellas, disculparse es rebajarse ante los demás. Ellas se creen mejores personas, pero no se sienten mejores personas. Esa es la gran miseria existencial con la cual deben vivir.

56:01. Nolan, después de House forzar a Steve para hacerlo hablar, para sacarlo de su estado ensimismado, le dice a House:

—Estás tratando de arreglarlo en vez de seguir adelante.

En este diálogo se hace evidente una vez más la dificultad de la persona con el Síndrome Dr. House para reconocer sus errores. Prefiere esforzarse en repararlo, antes de humillarse ante los demás, disculpándose y reconociendo su falta. Como son personas con baja autoestima, así pretendan demostrar lo contrario, cualquier reconocimiento ante los demás de sus debilidades, les causa pavor. Eso puede llevarlas a un sentimiento más peligroso comparado con el de la culpa. La culpa pueden soportarla, así las enferme, pero estar por debajo de los demás, sería la crisis total. Por eso son seres competitivos. Siempre están buscando devolver algo de las cosas desagradables vividas por culpa de los demás.

Luis Carlos Molina Acevedo

Características

El Síndrome Dr. House es propio de personas quienes sin darse cuenta tornan en físico un estado emocional y acuden al médico en el convencimiento de encontrar en él el remedio para su mal.

Veamos cómo encaja el House paciente en este síndrome y desde él nos será más fácil reconocerlo en otras personas. Algunas afirmaciones extractadas de diferentes capítulos de la serie, nos ayudará a caracterizar este síndrome.

En la Temporada Uno, capítulo uno, House dice: "¿Te das cuenta? Todo el mundo piensa que soy un paciente por el bastón". El bastón se convierte en un elemento de manipulación hacia los demás. Con el puede acrecentar su capacidad para despertar consideración en los demás y llevarlos a satisfacer sus caprichos y a disculpar su propensión a arruinarlo todo.

Wilson le responde: "Pues ponte una bata como los demás". Y House agrega: "No, entonces parecería un médico". Se queja de todo y no está abierto a las soluciones.

Foreman le dice a House: "Para tratar pacientes nos hicimos médicos". Y House responde: "No, para tratar enfermedades somos médicos; tratar pacientes es el inconveniente de ser médico". House tiene problemas para relacionarse con los demás. No quiere tener contacto con los pacientes. Sólo le interesa diagnosticar enfermedades por el desafío mental implicado en los casos complejos. No le interesa ocuparse de dolencias, le interesan las enfermedades de verdad. No quiere malgastar su tiempo con enfermos de Síndrome Dr. House. Esas personas son quejumbrosas y sólo le hacen perder el tiempo a los médicos de verdad.

En el capítulo 3 de la misma temporada, la directora del hospital obliga a House a atender pacientes. Su trabajo en el hospital lo debe repartir entre el diagnóstico de enfermedades y la atención de pacientes. Esta decisión lo disgusta bastante y traza su estrategia para entorpecer el proceso. Frente a un grupo de pacientes, dice:

¡Hola, enfermillos...! Y familiares. Para ahorrar tiempo y evitar charlas aburridas, soy el doctor Gregory House, o sea, "Greg", uno de los tres médicos que pasan consulta esta mañana.

Cuddy: Aquí están las historias clínicas...

House: Y este capullito de alelí es la doctora Cuddy. Es la directora de este hospital, por eso, pobrecita, está demasiado ocupada para atenderlos. Soy especialista en diagnóstico y además en enfermedades infecciosas y nefrología, además soy el único médico del hospital que está aquí contra su voluntad. ¿Verdad, cariño? No se apuren, la mayoría de sus casos los resolvería hasta un mono con un frasco de analgésicos. Por cierto, si se ponen pesados verán que hago uso de esto (saca un frasco del bolsillo). Es Vicodín, es mío y no les doy... No tengo problemas para soportar el dolor, tengo problemas con el dolor. Espero no equivocarme con ustedes, ¡a veces vengo con un pedo...! Que levante la mano quien se venga conmigo (Nadie la levanta)... ¿Y quién espera a alguno de los otros dos? (todos levantan la mano). Bueno vale... Estoy en la consulta número uno...

House retrata a la perfección el estado actual de los sistemas de salud y de la propagación del Síndrome Dr. House como si fuera una peste generalizada, con este último diálogo. Como el padece el síndrome, tiene gran capacidad para reconocerlo en los demás. Por eso les dice a los pacientes: No se apuren, la mayoría de sus casos los resolvería hasta un mono con un frasco de analgésicos. Esa es la realidad. La demanda de los sistemas de salud se está llenando de adictos a los analgésicos. Son los contagiados con el síndrome. Ellos acuden a los hospitales, a los médicos en busca de píldoras para sentir un bienestar pasajero. Sólo así pueden calmar su dolor emocional. Sienten el adormecimiento del dolor por el analgésico y eso les hace sentir por un corto tiempo, un escape definitivo del pozo psíquico en donde se hallan.

Cuando el efecto del adormecimiento desaparece, la oscuridad del pozo regresa. Entonces comienzan a vivir a golpes de analgésicos. A esas personas hasta un mono las podría atender. Ellas no requieren un diagnóstico, sólo necesitan nuevas dosis de analgésicos. Podrían comprar los comprimidos en la farmacia, pero la receta médica los libera del señalamiento como adictos. Ante el reclamo de un paciente, House dice: "¿Preferiría a un médico que le coja la mano mientras se muere o uno que le ignore mientras mejora?; aunque yo creo que lo peor sería uno que te ignore mientras te mueres". House hace una caricatura bastante sarcástica de los sistemas de salud. Ellos se llenaron de monos para hacerle el juego a la industria farmacéutica. Recetan a diestra y siniestra analgésicos y ganan salarios de médicos por ello.

En el capítulo 6 de la misma temporada, Cuddy le dice a House: "¡Los protocolos están para salvar vidas!" Y House le responde: "Sobre todo las de los médicos, y no solo sus vidas, sino su estilo de vida. No operarán a un paciente peligroso, no vaya a ser que se muera y joda las estadísticas del hospital". Los sistemas de salud se están desgastando con los adictos a los analgésicos, con las personas contagiadas del Síndrome Dr. House, y las personas con verdaderas necesidades médicas, se están muriendo en los pasillos, en las entradas a los hospitales, porque los adictos no dejan tiempo para lo verdaderamente importante.

En el capítulo 17 de la Temporada 1, deja al descubierto el juego de los sistemas de salud a favor de la industria farmacéutica. Uno de los nuevos mecenas del hospital, Ed Voggler, obliga a House a dar una ponencia sobre un nuevo producto farmacéutico patentado por sus empresas. Se trata de un nuevo inhibidor cardíaco. En la presentación, House dice: "¿Saben cómo sé que el nuevo inhibidor es bueno? Porque el viejo lo era. Este viene a ser igual pero más caro... Mucho más caro. Otro ejemplo de genio empresarial. Cuando la patente de su producto va a expirar hace que sus chicos lo alteren un poco y lo vuelve a patentar... Eso no solo es una pastilla nueva, sino millones y millones de dólares. Y eso es bueno para todos, ¿no? Los pacientes... Pfff, ¿qué más da? Están enfermos. A Dios nunca le cayeron muy bien... Así que a todas las personas sanas de la sala les pido un aplauso para Ed Voggler".

En el capítulo 1 de la temporada 4, House está seleccionando médicos para su equipo de diagnóstico y justifica su capacidad de manipulación de la siguiente manera: "Esta va a ser la entrevista más larga de sus vidas. Los pondré a prueba de formas que muchas veces le parecerán injustas, humillantes e ilegales, y a menudo con razón".

La capacidad de manipulación de House llega a su máxima expresión en la temporada 8, capítulo 22, cuando fue capaz de fingir su propia muerte. Delante del féretro, Wilson dice: "Era mi amigo. Lo que no debemos olvidar, lo que debemos recordar, es que Gregory House salvó vidas. Era un sanador. Y... y al final... House era un canalla. Se mofaba de cualquiera. Pacientes, compañeros, sus escasos amigos... ¡De cualquiera que no diese la talla según su delirante ideal de integridad! Afirmaba llevar a cabo una búsqueda heroica de la verdad, pero la verdad, es que era un capullo amargado al que solo le gustaba joder a los demás. Y lo demostró... al morir egoístamente puesto de narcóticos ¡sin un pensamiento para nadie! Fue una traición para todos cuantos lo apreciaban. (Se oye el timbre de un teléfono móvil). Un millón de veces me necesitó y para una qué... (Vuelve a sonar el móvil)

¡Venga que es un funeral! Cógelo. (Sigue sonando el móvil y Wilson se da cuenta que viene de su bolsillo) Pues que... que vergüenza. Juraría que lo había apagado... Éste no es mi móvil..."

El llamado es de House. Cuando se reúnen, Wilson le dice: "Estás destrozando toda tu vida...No puedes volver de esto. Irás a la cárcel muchos años. Nunca volverás a ser médico". Y House le responde: "Ya estoy muerto, Wilson. ¿Como quieres pasar tus cinco meses?" Ese fue el final de la serie House M.D.

Hasta aquí hemos explorado unas características generales del Síndrome Dr. House. Ahora vamos a revisar en detalle los síntomas. Como se planteó al comienzo, el cuadro de este síndrome está formado por nueve síntomas. El estudio de estos síntomas nos permitirá caracterizar con mayor precisión este síndrome. A continuación se aborda cada síntoma en detalle.

1. La mentira

Una mentira es una declaración realizada por alguien con la creencia o sospecha de ser falsa en todo o en parte, esperando sea creída por los oyentes, para ocultar la realidad en forma parcial o total. También es mentira el acto de la simulación o el fingir. En otras palabras, para mentir no se necesita decir palabra alguna. Otra forma de mentira no verbal la constituye el hecho de hacerse pasar por discapacitado físico con el fin de obtener algún favor en provecho propio.

Mentir está en contra de los cánones morales de muchas personas y está específicamente prohibido como pecado en muchas religiones. San Agustín distingue ocho tipos de mentiras:

a. Las mentiras en la enseñanza religiosa

b. Las mentiras que hacen daño y no ayudan a nadie

c. Las que hacen daño y sí ayudan a alguien

d. Las mentiras que surgen por el mero placer de mentir

e. Las mentiras dichas para complacer a los demás en un discurso

e. Las mentiras que no hacen daño y ayudan a alguien

f. Las mentiras que no hacen daño y pueden salvar la vida de alguien

g. Las mentiras que no hacen daño y protegen la pureza de alguien.

Las mentiras de las personas con el Síndrome Dr. House son más propias del cuarto tipo. Las mentiras surgen por el mero placer de mentir. Para estas personas, la mentira es un desafío hacia los demás. Es una forma de medir la capacidad de otros para reconocer la falsedad de cuanto se dice. A la mentira se le da un toque de coherencia capaz de convencer al otro. Las personas con el síndrome derivan momentáneos destellos de satisfacción psíquica cuando logran engañar a otros. Es un reducido campo de obtener satisfacción. Por eso son personas insatisfechas.

En la temporada 1, capítulo 1, House dice: "Si no conseguimos una imagen habrá que buscar mil palabras". Y Foreman le responde: "Todos mienten, ¿no?" House replica: "Si, pero se coge antes a un mentiroso que a un cojo".

En el lenguaje es más fácil sorprender la mentira. En el lenguaje no verbal es más difícil. Por eso las personas con el síndrome desarrollan una gran capacidad para fingir. Tienen gran capacidad histriónica para fingir síntomas. De esa manera manipulan a los médicos de los sistemas de salud y logran su cometido. Unas veces obtienen fármacos para sus adicciones. Pero la mayoría de las veces, sus metas son obtener incapacidades laborales. Es frecuente oírles decir a estas personas: para el viernes de la próxima semana estaré incapacitada. Es como si pudieran leer el futuro. Pero en realidad tienen una gran confianza en su capacidad para fingir dolor físico. Incluso algunas, llegan al extremo de causarse daño físico para alcanzar su cometido. Se golpean con objetos en el cuerpo. Las visitas de estas personas a los sistemas de salud, son cíclicas, fríamente programadas.

En el capítulo 7 de la misma temporada, House dice: "No pregunto por qué los pacientes mienten, sólo asumo que lo hacen". En el capítulo 19, dice: "Los ojos pueden confundir, una sonrisa mentir, pero los zapatos siempre dicen la verdad". En el capítulo 21, dirigiéndose a los alumnos de medicina a quienes está dando una lección, dice: "He aquí un axioma sobre la condición humana, todo el mundo miente. La única variable es sobre qué". En la temporada 4, capítulo 10, dice: "Las mentiras son como los niños: Cuestan trabajo, pero lo valen, porque el futuro depende de ellos. Si quieres averiguar la verdad acerca de alguien, jamás le preguntes a él primero".

En la persona con Síndrome Dr. House, se considera la mentira una elaboración compleja, consciente, mucho más complicada en comparación con la verdad.

Luis Carlos Molina Acevedo

2. La dolencia

El dolor es una experiencia sensorial y emocional, subjetiva, desagradable, experimentada por todos aquellos seres vivos con un sistema nervioso central. Es una experiencia asociada a una lesión tisular o expresada como si ésta existiera. La algología es la ciencia encargada de estudiar el dolor.

La función fisiológica del dolor es señalar al sistema nervioso una zona del organismo expuesta a una situación de posible lesión. Esta señal de alarma desencadena una serie de mecanismos cuyo objetivo es evitar o limitar los daños y hacer frente al estrés. Para ello, el organismo dispone de los siguientes mecanismos:

1. Detectores de la señal nociva: depende de la existencia de neuronas especializadas en la recepción del dolor, denominadas nociceptores. Los hay de tres clases: térmicos, mecánicos y polimodales. Normalmente se activan de manera simultánea. Primero se siente un dolor agudo, seguido después de una pausa por un segundo dolor más persistente, intenso.

2. Mecanismos ultrarrápidos de protección, reflejos: son reacciones rápidas, generadas a nivel de la médula espinal.

3. Mecanismos de alerta general por activación de los centros de alerta presentes en el tronco cerebral.

4. Mecanismos de localización consciente e inconsciente de la lesión, a nivel del cerebro.

5. Mecanismos de comportamiento para hacer frente a la agresión: activa centros especializados en el cerebro, aumenta la agresividad y pueden producirse manifestaciones de cólera.

6. Mecanismos de analgesia endógenos: en ciertas circunstancias estos mecanismos permiten hacer frente a la amenaza a pesar de sufrir graves heridas.

En el dolor participan dos tipos de fenómenos

1. Subjetivos: psicológicos

2. Objetivos: físicos o biológicos.

Estos dos fenómenos marcan la variación de las características del dolor y de un individuo a otro. Se ha probado la hipnosis y diversas técnicas perceptivas para provocar estados alterados de la consciencia como una ayuda importante en el tratamiento de todos los tipos de dolor.

La persona con el Síndrome Dr. House experimenta una sensación molesta. La mayoría de las veces se asocia a una dolencia, pero como ya se dijo, es el resultado de evadir una dolencia emocional. La persona con el síndrome acude a los sistemas de salud en la falsa creencia de hallar una cura para su mal, pero los sistemas de salud sólo pueden curar dolencias psicosomáticas. En estas personas no existe la lesión tisular. En ellas, el malestar emocional se expresa como si existiera la lesión tisular.

La persona con el síndrome puede experimentar una mejoría pasajera con los fármacos y por eso termina adicta a ellos. Pero esa mejoría no se debe a un efecto directo sobre su dolencia emocional, sino a un efecto de bloqueo de los centros receptivos del dolor. La persona está sedada y eso le produce un estado de bienestar momentáneo. Eso le ocurre a House cuando consume el Vicodín. Sus centros nerviosos son sedados y la sensación de dolor queda oculta. Pero tan pronto el efecto de la sedación pasa, regresa el dolor. De nuevo House toma otra dosis de Vicodín y así logra soportar su existencia incómoda, molesta. El dolor parece venir de la pierna a medio amputar, pero eso es sólo una proyección de una sensación mental sobre la pierna. Por eso no se cura. Los fármacos no actúan sobre la verdadera dolencia. Sólo engañan a la mente con estados efímeros de bienestar.

La persona con el Síndrome Dr. House, explota su dolencia para manipular a las personas dentro de su esfera vital. En el capítulo 2 de la temporada 2, House dice: "Si te estás muriendo, todo el mundo te quiere". La dolencia emocional se convierte en un eficaz medio de llamar la atención. Wilson le responde: "Tú estás cojo, y no le caes bien a nadie". House replica: "No soy terminal, sólo patético. Y ni te imaginas las tropelías que me consiente". Este factor termina por convencer a la persona de la conveniencia de su dolencia emocional. Llega a un punto en donde ya no quiere curarse, así se le ofrezca la cura milagrosa.

Descubre una ventaja competitiva en parecer enferma. Los demás están más dispuestos a satisfacer sus caprichos. Aprende a soportar la molestia a cambio de las recompensas psíquicas recibidas.

En la misma temporada, capítulo 13, House dice: "Es una ecuación simple, más dolor, más píldoras". Siempre hay una forma de justificar la adicción a los fármacos. En la tercera temporada, capítulo 14, la Paciente dice:

—No estoy asustada. Jamás lo estoy.

House: Mmm ¿ve que tan infantil es eso? No puedes sentir dolor, solo queda el placer ¿Porque no me dices que tan maravilloso es?

Paciente: Es asqueroso.

House: Es mejor que vivir con dolor. Sube a la silla.

Paciente: Cada mañana debo revisar mis ojos para asegurarme que no me rasguñé una cornea mientras duermo.

House: Oh Dios, ya basta. Voy a romper en llanto.

Paciente: No puedo llorar.

House: ¡Ni yo!... Cada mañana reviso mis ojos buscando ictericia por si el Vicodín me dañó el hígado finalmente.

Paciente: No voy a correr a ninguna parte sin ver que los dedos de mis pies se hinchan.

House: Yo no puedo correr.

Paciente: Los chicos no me abrazan porque me sube la temperatura.

House: Las chicas no me abrazan porque solo les pago una hora.

Paciente: Necesito una alarma en el reloj para recordarme ir al baño ¿Sabe cuantas situaciones humillantes sufrí antes de eso?

House: El baño esta a 15 metros de mi oficina. Evalúo los pros y contras de beber agua.

Paciente: Después de cada actividad debo revisarme: boca, lengua, encías, buscando heridas. Me cuento los dientes, tomo la temperatura: dedos, manos y pies por si se hinchan, los moretones...

House: Alguien me disparó.

Paciente: ... ... Me senté en una estufa a los 3 años ¿Quiere ver las heridas?

House: Sí.

Paciente: ¿Cree que miento?

House: ¿Crees que solo quiero ver tu trasero, como dirían tus amigos?

El encuentro entre dos personas con el Síndrome Dr. House es patético. Es una competencia abierta sobre quién sufre más, quién ha tenido una vida más miserable. House y la Paciente parecen dos niños enganchados en una discusión infantil. Los dos son excelentes fingiendo pero discuten como si todo cuanto dicen fuera racional. Luchan para demostrar quién tiene razón. No son conscientes de cuánto se divierte el hemisferio derecho del cerebro con ese espetáculo.

En la cuarta temporada, capítulo 5, House dice: "El significado de la vida no es eliminar el sufrimiento, sino mantenerlo al mínimo". Esta podría ser una definición precisa del dolor en las personas con el Síndrome Dr. House, con una pequeña o gran precisión. Ellas no mantienen el dolor al mínimo, lo evaden con fármacos. En el capítulo 6, House dice: "Mis amigos me llaman 'El Bastón'. Aún desde antes de que perdiera mi pierna". Es una expresión de doble sentido para hacer alusión a un aspecto sexual, pero también es una manifestación inconsciente de la realidad. La dolencia emocional viene desde antes del accidente de la pierna. El hemisferio derecho se expresa a través de la pretendida racionalidad del hemisferio izquierdo.

En la misma temporada, capítulo 13, House dice: "O eres perfecto, o estás enfermo". Una justificación más de las personas con el síndrome. En la temporada 6, capítulo 6, el Paciente dice: "¿Cómo sé que no me está mintiendo? ¿Diciendo que estoy sano para hacerme sentir mejor?" Y House responde: "¿Suena a eso, verdad? Pero esta vez sin pastillas de azúcar, voy a cortar dentro de tu cerebro, para hacerte pensar que lo estoy arreglando y si nuestras pruebas falsas lo confirman, voy a cortar dentro del cerebro de tu hijo también, porque soy así de comprometido". Las personas con el síndrome han logrado un alto grado de identificación con su malestar. Por eso cuando en realidad tienen una dolencia física, se niegan a creer su existencia. Les resulta difícil diferenciar entre una dolencia emocional y una dolencia mecánica. "A veces lo normal no es tan normal como pensamos."

En la temporada 8, capítulo 5, House le dice a Adams: "Sin embargo para ser justo, cada hombre que te conoció pensó en tener sexo contigo. Mentirán, porque si lo supieras, probablemente no querrías tener sexo con ellos. Y esas son algunas mentiras del último minuto. Y aquí hay una mas grande, tu ya sabes esto, pero pretendes que no porque te hace sentir mas civilizada; las personas encuentran mas fácil ignorar la verdad". La persona con el síndrome soporta el malestar de su dolencia emocional, pero no son capaces de enfrentar el dolor de decir la verdad.

Luis Carlos Molina Acevedo

3. La adicción

Adicción (del latín addictus, deudor insolvente quien por falta de pago era entregado como esclavo a su acreedor). El sentido latino dado al término de adicción, es el más próximo para entender este síntoma dentro del Síndrome Dr. House. La persona al final termina siendo un esclavo de su dolencia emocional, de la red de mentiras tejidas para justificar su condición, esclavo de la red de manipulaciones para conseguir cuanto quiere de los demás. La persona se llena de acreencias psíquicas y el hemisferio izquierdo termina entregando el bienestar de la persona a su acreedor: el hemisferio derecho. A partir de ese momento, se vuelve su esclavo y difícilmente podrá ser curado desde entonces.

Pero sigamos explorando el significado de la palabra adicción. Se considera adicción a una enfermedad crónica y recurrente del cerebro, caracterizada por una búsqueda patológica de la recompensa o alivio a través del uso de una sustancia u otras conductas. Esto implica una incapacidad de controlar la conducta, dificultad para la abstinencia permanente, deseo imperioso de consumo, disminución del reconocimiento de los problemas significativos causados por la propia conducta y en las relaciones interpersonales así como una respuesta emocional disfuncional. El resultado es una disminución en la calidad de vida del afectado. Esto le genera problemas en su trabajo, en sus actividades académicas, en sus relaciones sociales y en sus relaciones familiares o de pareja. Para la neurociencia, la adicción a sustancias y a comportamientos comparten las mismas bases neurobiológicas.

La persona con Síndrome Dr. House aparece como si fuera adicta a fármacos, pero en realidad es adicta a comportamientos. Los fármacos son otra forma de evadir la verdadera naturaleza de su dolencia emocional. Todas sus evasiones están dirigidas a lograr una aceptación social para su comportamiento antisocial.

En la temporada 1, capítulo 1, la Paciente, una maestra de escuela, pregunta: "¿Qué es eso?" Y House responde: "Analgésicos". La paciente dice: "Ah, para usted, por la pierna". Y House replica: "No, es que soy yonqui". Para House es más fácil reconocer su adicción al Vicodín y no a su comportamiento. En el capítulo 5, House dice: "Casi todo lo que prescribo es adictivo y peligroso. La diferencia es que esto es legal. Feliz Navidad". Esta es la razón por la cual los sistemas de salud se han atiborrado de personas con el Síndrome Dr. House. Es simplemente una formalidad. El paso por allí, le da a su adicción el estatus de legal.

En el capítulo 11, House dice: "He dicho que soy adicto, no que tenga un problema". Es la capacidad de la persona con el síndrome para evadir su verdadero problema. Desvía la atención de los demás hacia aspectos ajenos a la verdadera problemática. En el capítulo 16, el esposo de la paciente del tumor de 12 kilos dice: "Disculpe, ¿es usted el Dr. House? Mi esposa me dijo que usaba bastón". Y House replica: "El Dr. House también tiene un serio problema con las drogas, a veces no viene ni en semanas". Hay una gran agilidad para evadir los temas personales. Es mejor meterse en los de los demás.

En la temporada 3, capítulo 8, le dice a Cuddy: "Sí, está bien. Te haré un hijo. Pero primero dame una receta de Vicodín. Para poder soportar los preliminares". En el capítulo 10, House toma una pastilla delante de una enana y ella pregunta: "¿Usted se droga?". Y House responde: "Si, a veces veo enanitas". Siempre hay una forma de evadirse. En el capítulo 16, Cuddy se irrita porque ve a House tomándose dos pastillas de Vicodín: "No, son antidepresivos. Me han dicho que me los tome cuando te vea llegar".

En la temporada 5, capítulo 3, House dice: "Nadie debería probar fármacos por estar desesperado, pero nadie los probaría si no estuviera desesperado. Hacen falta para salvar niños. Ergo necesitamos desesperados. Ergo el bienestar mata niños enfermos". Es un silogismo para justificar su adicción y su comportamiento pero también para mostrar una triste realidad. El éxito de la industria farmacéutica depende de la desesperación de las personas. La era neoliberal es capaz de crear desesperación en las personas, la cual ellas perciben como dolencia física. Por eso crecen las ventas de los fármacos. Se venden más fármacos para paliar enfermedades imaginarias, y menos para tratar enfermedades reales.

En la temporada 6, capítulo 3, Wilson dice: "Sabemos que volviste al Vicodín". Y House replica: "No, lo único que saben es que soy un genio que puso a un perro a orinar en tu sanitario, no saben cómo lo hice o mas interesante, dónde oriné". A las personas con el Síndrome Dr. House les gusta mostrarse como seres sagaces. Esperan de las demás personas, una capacidad para descubrir las verdaderas motivaciones detrás de sus actos. Es el desafío permanente mediante el cual hacen sus existencias más llevaderas. En el capítulo 6, House dice: "Lo revisé todo, lo que realmente me asusta es que oigo susurros sin tomar Vicodín, me voy a ingresar nuevamente en Mayfield". Las personas con el síndrome reservan la mentira como campo exclusivo para ellas, por eso urden estrategias para lograr la confesión de los demás. House tratar de obligar a Wilson para confesar sus diálogos imaginarios con su novia muerta, Amber.

4. La manipulación

Existen varios tipos de manipulación. Para el presente estudio del Síndrome Dr. House nos interesa el tipo denominado manipulación mental.

La manipulación mental o control mental se produce cuando un individuo o grupo de individuos ejerce una tentativa de toma de control del comportamiento de una persona o de un grupo, utilizando técnicas de persuasión o de sugestión mental, en busca de eliminar las capacidades críticas o de autocrítica de la persona, esto es, su capacidad de juzgar o de rehusar informaciones u órdenes.

La manipulación mental también se refiere a un amplio rango de tácticas psicológicas capaces de subvertir el control de un individuo sobre su propio pensamiento, comportamiento, emociones o decisiones. Los métodos por los cuales puede obtenerse tal control, de forma directa o sutil, son el foco de estudio entre psicólogos, neurocientíficos y sociólogos. La manipulación mental puede ser ejercida por entidades o personas. Aquí nos interesa la ejercida por personas hacia otras personas, típica del Síndrome Dr. House. Un aspecto de la manipulación ejercida por entidades, la veremos en el apartado del neoliberalismo.

Ciertas formas de manipulación podrían ser altruistas, pero la noción de manipulación mental tiene, por lo general, una connotación negativa. Evoca a los manipuladores de comportamiento egoísta o malintencionado. El doctor House a veces muestra manifestaciones de manipulación altruista, pero en el fondo, son más las manipulaciones egoístas, nocivas.

De cierta manera, la manipulación es muy frecuente en el plano profesional, conyugal o familiar. Desde la existencia misma de la mentira, omisión o deformación voluntaria de la verdad, se está en presencia de tentativas de manipulación. Así, a veces se califica de manipuladoras a personas quienes muestran simplemente una aptitud inhabitual para convencer, sin tener por ello objetivos malintencionados o egoístas.

El término manipulador es susceptible de afectar a individuos de todos los orígenes sociales. El manipulador típico suele tener una estructura psicológica perversa de tipo psicópata, puede aparecer como simpático o no, incluso como una víctima. Este último comportamiento es muy típico de la persona con Síndrome Dr. House. Adopta conductas de víctima para manipular a los demás y alcanzar sus fines egoístas.

De todos los tipos de manipuladores, aquí nos interesan aquellos quienes utilizan a otros sin remordimientos, con un objetivo narcisista de poder o con mala intención. Se apoyan en la mentira para desestabilizar a su víctima. Puede tratarse de un comportamiento entendido como desviado o perverso, de un desorden de la personalidad, cuyas causas se remontan a la infancia o a la educación del manipulador. Los psicólogos son con frecuencia consultados por comportamientos manipuladores en los sistemas familiares o socio-profesionales.

La manipulación mental podría ser una forma particular de egoísmo. A menudo el manipulador demanda de los demás un comportamiento socialmente aceptable, sin adecuarse ellos mismos. Se apropia de las ideas de otro, intentando inversamente hacer tomar por otro sus propias responsabilidades. Los argumentos de un manipulador parecen siempre, a primera vista, lógicos y morales. Habitualmente, utiliza pretextos tales como los emanados de la norma, el buen comportamiento en la sociedad o el grupo, sabiendo utilizar los puntos débiles de los otros. Los hace sentir como si fueran ridículos, culpables o heridos en su pudor. Los sitúa en una situación mental favorable a la manipulación.

Circunstancias para la manipulación

El manipulador mental es capaz de reconocer con facilidad circunstancias especiales para su labor. Estas circunstancias especiales se pueden clasificar en los siguientes cinco tipos:

1. Circunstancias emocionales: el miedo, la angustia, la vergüenza, el pudor, la timidez, la inmadurez psíquica, la esperanza, la necesidad de reconocimiento y de justicia, la confianza, el lazo familiar, la amistad, la necesidad de amor, el deseo, la conciencia profesional... son sentimientos explotados

con facilidad por el manipulador. En este campo, el doctor House es un experto.

2. La explotación del sesgo cognitivo por informaciones falsas, las simplificaciones o jerga retórica y los sofismas o las órdenes paradojales. Mediante su método socrático, el doctor House logra manipular con facilidad y con una ventaja adicional, como son procesos muy elaborados, la víctima no los entiende y se queda sin saber la verdadera pretensión de House.

3. Presiones físicas o psíquicas, repetidas o continuas, individuales o en una dinámica de grupo, controladas por el manipulador. Esto se aprecia con facilidad en la relación de House con su grupo de diagnóstico. Con frecuencia los presiona con hechos de su vida personal y privada.

4. El mantenimiento de roles de tipo chivo expiatorio, donde un grupo se convierte en perseguidor de una víctima. El manipulador la mantiene aislada con el apoyo más o menos inconsciente o consciente del grupo. Este proceder también se observa en House cuando descubre alguna debilidad moral en sus compañeros de trabajo. Inconscientemente, el resto de miembros del equipo también presiona a la víctima, sobre todo en aspectos de infidelidad.

5. La dominación se desarrolla mediante factores de miedo y los principios de recompensa, castigo y de sumisión. Este campo de manipulación también es ejercido por House. Con frecuencia ofrece recompensas a cambio de un comportamiento inmoral.

Condiciones personales de manipulación

El manipulador también echa mano de algunas condiciones personales para llevar a feliz término su labor. Estas condiciones personales se pueden clasificar en los siguientes nueve tipos:

1. Una mala autoestima, el sentimiento de culpa o de inferioridad vuelven a los individuos vulnerables a la manipulación.

2. La depresión facilita la manipulación y a la vez es resultado de la manipulación mental.

3. Un shock traumático y las situaciones de pérdida de referencias representada por la pérdida de padres o próximos a morir. También son factores traumáticos la ruptura sentimental, el divorcio, la pérdida del empleo, el exilio, el atentado, la violación, la prisión, la situación de guerra, la enfermedad, acusaciones graves e injustas, incitaciones a la violencia, etc. Todos estos factores crean en las personas condiciones neuróticas de culpa, y por lo mismo son fácilmente manipuladas por personas psicópatas. El psicópata se caracteriza por tener un bajo funcionamiento del lóbulo frontal del cerebro. Pueden manipular a los demás sin sentimiento de culpa.

4. Un trauma reprimido en la infancia.

5. Una esquizofrenia o estado esquizoide del individuo.

6. El uso de ciertas sustancias químicas, drogas estupefacientes, medicamentos o toxinas, incluyendo el alcohol. Ellas atenúan, disminuyen o anulan la lucidez de la conciencia y por esto pueden volver a los individuos más vulnerables a la manipulación mental.

7. La edad: los niños y los jóvenes son más influenciables y sugestionables y, por tanto, potencialmente manipulables.

8. La devoción: alguna afición o fanatismo especial de los individuos. Los mantiene sumisos a la voluntad de un manipulador quien aparenta conocer mucho o ser un erudito del tema de devoción. A House se le facilita la manipulación en el hospital por la fama de erudito, ganada en ese lugar.

9. La sugestión puede llegar al grado de sugestión hipnótica en personas proclives, niños y gente inmadura. House intenta explotar la condición de raza de Foreman para manipularlo.

House tiene gran habilidad para reconocer en los demás estas nueve condiciones personales expuestas antes. Por eso sus procedimientos de manipulación son tan eficaces, incluso entre personas con una fuerte formación profesional como sus compañeros. Un buen nivel de estudios y una buena situación social no protegen de ciertas formas de manipulación. Los miembros del equipo de diagnóstico de House son un buen ejemplo de ello.

En la temporada 1, capítulo 10, Wilson le pregunta a House: "¿De quién es el otro expediente?". House responde: "Wilson, James, el oncólogo maravilla. ¿Lo conoces?". Wilson replica: "En algunas culturas se considera descortés que los amigos se espíen. Claro, en sueco, la palabra 'amigo' también puede traducirse como 'cojo desgraciado'". House siempre está buscando la debilidad en el otro para manipularlo. En la temporada 2, capítulo 4, Cuddy le insiste a House sobre un caso y éste dice: "¿Gano puntos extras si finjo que me importa?". En apariencia no experimenta sentimientos de culpa, por eso puede fingir interés.

En la temporada 2, capítulo 17, House dice: "¿Sabes que el fin de las alegorías es disuadir a la gente de que hagan cosas diciéndole que pasarán cosas peores de lo que pasará en realidad?". Es una gran elaboración cognitiva para llevar a las personas a actuar como se desea. En el capítulo 22, House habla con Wilson sobre una posible enfermedad de Cuddy y dice: "Es mi jefa. Si está enferma, el hospital puede echarla, sobre todo si muere. Tendría que aprender a manipular al nuevo". No le preocupa el bienestar de Cuddy, sino hacer de nuevo el largo proceso de descubrir las debilidades de quien la reemplace.

En la temporada 3, capítulo 4, House dice: "Verás: Los blancos flacuchos socialmente agraciados trazan un bonito círculo. Los de dentro del círculo son normales. A los de fuera hay que darles una paliza, machacarlos y reprogramarlos para meterlos en el círculo. Si eso falla hay que internarlos o compadecerlos, que es peor". House justifica su manipulación acudiendo a argumentos de lo socialmente aceptado. Pero también marca la característica fundamental de los sistemas, sean de salud, sociales, políticos o económicos, en la era neoliberal. En el fondo se trata de alinear a todos dentro de un círculo, considerado bonito.

En la temporada 5, capítulo 24, House le dice a Wilson: "La manipulación está en tu código genético". House justifica su manipulación porque otros también manipulan. La manipulación es la recompensa psíquica recibida por la persona quien padece el Síndrome Dr. House. Su comportamiento, en la mayoría de los casos, no está antecedido de un interés nocivo hacia los demás, sino por la satisfacción psíquica de ser capaz de manipular a otros. Eso les permite continuar con sus miserables vidas.

5. La infelicidad

La felicidad es quizá el concepto más complejo de definir, dados sus rasgos subjetivos. Es decir, las personas suelen llamar felicidad a una cierta disposición personal frente a la vida. Para algunos, la felicidad es una emoción. Se produce en la persona cuando cree haber alcanzado una meta deseada.

La felicidad suele ir aparejada a una condición interna o subjetiva de satisfacción y alegría. Algunos psicólogos han tratado de caracterizar el grado de felicidad mediante diversas pruebas. Han llegado a definir la felicidad como una medida de bienestar subjetivo. Influye en las actitudes y el comportamiento de los individuos. Las personas con un alto grado de felicidad muestran en general un enfoque positivo hacia el medio y al mismo tiempo se sienten motivadas para conquistar nuevas metas.

La felicidad con frecuencia se considera positiva. Permite a los individuos sacar partido de las condiciones objetivas. Favorece la actitud de abordar diferentes tareas hacia un fin propuesto. La depresión y otros trastornos psicológicos se caracterizan por una notoria falta de felicidad del individuo. Le frustra las posibilidades para acometer con éxito diversas tareas u obtener beneficios de situaciones objetivamente favorables.

Bajo un estado de felicidad, los individuos son capaces de llevar a cabo una actividad neutral constante en un entorno con variables ya experimentadas y conocidas. Los distintos aspectos de la actividad mental fluyen de forma armónica. Los factores internos y externos interactúan con el sistema límbico. En este proceso se pueden experimentar emociones derivadas como consecuencia de un aprendizaje ante un medio variable.

Existen cuatro grupos de factores determinantes de la felicidad o la infelicidad:

1. Factores genéticos.

2. Factores asociados a la consecución de objetivos y deseos.

3. Factores sociales y ambientales.

4. Factores de sesgo cultural

La felicidad como estado subjetivo puede analizarse mediante procedimientos objetivos. Las siguientes disciplinas hacen aproximaciones objetivas a la felicidad:

1. La filosofía estudia su concepto y realidad.

2. La psicología positiva intenta determinar los factores endógenos para alcanzar un determinado estado de ánimo.

3. La sociología se ocupa de analizar qué factores sociales determinan los objetivos del sujeto para alcanzar estados de felicidad.

4. La antropología muestra cómo distintas culturas han establecido cánones distintos al respecto.

En la filosofía oriental, la felicidad se concibe como una cualidad, producto de un estado de armonía interna. Se manifiesta como un sentimiento de bienestar. Perdura en el tiempo. No es un estado de ánimo pasajero, como se la define en occidente. No se la puede confundir con la alegría, de carácter emocional y efímero. La felicidad perdura en el tiempo y se identifica como una cualidad de la persona. De una persona se puede decir, es feliz.

Las personas con el Síndrome Dr. House son infelices. Los pocos momentos de felicidad experimentados por ellas, son en realidad momentos de alegría, de euforia como consecuencia de su adicción a los fármacos, a su comportamiento. Sus metas son específicas: lograr engañar al otro, fingir un estado físico sin serlo, manipular al otro. Son metas egoístas. No contribuyen a formar la personalidad, por el contrario, la deterioran. Con cada engaño, cada fingimiento, cada manipulación, la persona se hunde en un abismo psíquico del cual difícilmente volverá a emerger. La infelicidad es el estado perdurable de la persona con el síndrome.

En la temporada 1, capítulo 1, la Paciente, la maestra de escuela, le dice a House: "Quiero morir con un poco de dignidad". House replica: "Eso no existe. Los cuerpos se deterioran; a veces a los noventa, a veces antes de nacer; pero siempre sucede sin un atisbo de dignidad. No importa si no puedes andar, ver o limpiarte el trasero. Siempre es horrendo, siempre. No se muere con dignidad, se vive". Por eso la persona con el Síndrome Dr. House no se rebaja ante los demás para disculparse. Eso sería una señal de debilidad. Eso sería abrir una fisura hacia una vida sin dignidad. Se puede vivir siendo infeliz, pero no sin dignidad.

En la temporada 2, capítulo 3, House dice: "Puedo ser malo con gente con quien no he tenido sexo, ya me conoces". Si él no es feliz, los demás tampoco tienen derecho a ser felices. Se vive mejor cuando todos son infelices, parece ser la premisa de la persona con el síndrome. En el capítulo 11, la hijita de una paciente pasa por el despacho de House y le pregunta si está triste. House responde: "No estoy triste, soy complicado. A las mujeres les gusta, pronto lo entenderás". El problema de su infelicidad no es la tristeza, es su comportamiento complicado para evadir su dolencia emocional.

En la temporada 4, capítulo 15, House dice: "Tu problema más grande es que no sé cuál es tu problema más grande". Es el mejor diagnóstico para una persona con el Síndrome Dr. House. Ella no sabe cuál es su problema y los sistemas de salud tampoco logran establecer cuál es el problema. En el capítulo 16, Amber, ya fallecida en un accidente, se presenta como alucinación ante House y le pregunta: "¿Te sientes bien?". House replica: "No puedo decir 'sí' cuando es una alucinación la que pregunta". La cuestión es simple, House no podrá responder a la pregunta de una alucinación o una persona real, porque él no sabe cómo se siente. Es un malestar emocional pero no se puede precisar, no se puede localizar en algún órgano del cuerpo. Cualquier "sí" como respuesta, siempre será un "sí" retórico. No es una afirmación. Es una evasión.

6. La insatisfacción

En esencia, la satisfacción es un estado del cerebro producido por una mayor o menor optimización de la retroalimentación cerebral, en donde las diferentes regiones compensan su potencial energético, dando la sensación de plenitud e inapetencia extrema.

La satisfacción resulta de la seguridad racional de haberse hecho lo posible dentro del alcance de nuestro poder, con cierto grado de éxito. Esta dinámica contribuye a un estado armonioso dentro del funcionamiento mental. La mayor o menor sensación de satisfacción, dependerá de la optimización del consumo energético hecho por el cerebro. La facilidad de lograr la sensación de satisfacción está en relación directamente proporcional a la capacidad de transmisión entre las neuronas.

No se debe confundir la satisfacción con la felicidad, aunque es necesario sentir satisfacción para poder entender qué es la felicidad plena. La insatisfacción produce inquietud o sufrimiento. Por naturaleza, la prioridad del cerebro es la de establecer caminos sinápticos óptimos con el menor consumo posible de energía. En esa medida, el ser humano tiende a buscar nuevas y mejores maneras de estar satisfecho. Es parte de su naturaleza mantenerse constantemente inquieto y en constante expectativa de peligro ante la posible perdida de la poca o mucha satisfacción alcanzada en el presente.

En esencia, la satisfacción consiste en mantener durante el mayor tiempo posible una ausencia de carencia con el menor esfuerzo posible. Se trata de conservar ese estado de consumo mínimo el mayor tiempo posible. Cuando la parte racional ha registrado por varias veces el ciclo satisfacción, es cuando se necesitará de la consecución del estímulo adecuado para activar la motivación. Eso nos permitirá emplear la energía para movernos.

En ocasiones la parte racional de la persona puede entrar en conflicto: Si empleo energía pierdo el estado preferente. Pero puedo obtener aun más opciones para sostener dicho estado, si actúo. Cuando ese ciclo se ha realizado por muchas veces, se puede entrar en un estado de apatía. La parte racional puede llegar a concluir: el esfuerzo invertido no merece la pena. Esto ocurre sobre todo cuando se ha fracasado muchas veces. También ocurre cuando nos hemos acostumbrado a depender de alguien y en un momento dado ya no lo tenemos a mano, o no lo logramos convencer de actuar de acuerdo con nuestras necesidades.

Lo curioso de lo anterior ocurre cuando la mente, acostumbrada a retroalimentarse con el beneficio ajeno, establece una excepción a esta regla. A eso lo solemos llamar amor. Por eso el amor es necesario para entender y sostener la felicidad plena. Bajo el influjo del amor, la mente es capaz de pasar por alto la formula de la satisfacción: sostener el mayor tiempo posible la ausencia de carencia con el menor esfuerzo posible. El amor lleva a un mayor consumo de energía para atender al otro.

Las personas con el Síndrome Dr. House tienen dificultad para experimentar la satisfacción. Ello se debe al alto consumo de energía, invertido en los complejos procesos para evadir la dolencia emocional. Siempre se sienten insatisfechas. Consideran a la vida injusta. Los demás alcanzan cuanto quieren y ellos no pueden hacerlo. El estado de apatía es habitual en ellos. Nada los motiva, nada los sorprende. El único estímulo válido son sus juegos racionales para fingir, engañar o manipular a los demás. House solo acepta atender a un paciente si su caso es complejo, si desafía su curiosidad intelectual. Los demás pacientes son aburridos y no quiere tener contacto con ellos.

House quiere sentirse amado por Cuddy. En el fondo lo sospecha: el amor puede salvarlo del malestar emocional. Él la ama pero no es capaz de decirlo directamente. En vez de ello, elabora complejos malabarismos racionales con el objetivo de lograr en ella una deducción sobre su amor por ella. Pero el intento siempre resulta fallido. La deducción en ella toma otro rumbo. Ella interpreta su accionar como un intento para burlarse de ella. Él quiere ridiculizarla, hacerla ver como una estúpida. Esas son las deducciones sacadas por ella frente a las complejas elaboraciones cognitivas de House.

En la temporada 1, capítulo 1, Cuddy le dice a House: "Tu reputación no terminará si no haces tu trabajo; La clínica es parte de tu trabajo. Quiero que hagas tu trabajo". Y House replica: "Sí, pero como el filósofo Jagger dijo una vez, 'No siempre puedes tener lo que quieres'". Por filósofo Jagger, House se refiere al vocalista del grupo musical The Rolling Stones, y con la expresión entre comas, al nombre de una de las canciones del grupo (You Can't Always Get What You Want). La respuesta de House es la mejor descripción de la insatisfacción padecida por las personas con el Síndrome Dr. House, no siempre se logra cuanto se quiere. En el capítulo 3, House dice: "No estaba equivocado, todo lo que dije era cierto, encaja, era elegante". Wilson pregunta: "Y, ¿la realidad se equivocó?" Y House replica: "La realidad casi siempre es un error". Este tipo de respuesta es normal en una persona con el síndrome porque el principio de realidad ha sido alterado por el hemisferio derecho.

En el capítulo 9, House dice: "¿Entonces? Es que sí era tu culpa. Tomaste una oportunidad, hiciste algo maravilloso. Estabas equivocado, pero siguió siendo maravilloso. Deberías sentirte de maravilla por haber hecho algo maravilloso. Deberías sentirte como la mierda porque era una equivocación. Esa es la diferencia entre él y yo. Él piensa que hay que hacer el trabajo, y que sea lo que sea. Yo pienso que lo que yo hago y lo que tú haces, cuenta. Él duerme mejor por la noche. No debería". Esa es la angustia permanente de House. No le resulta fácil vivir bajo el imperativo del principio de realidad. Éste ya no es gobernado por su hemisferio izquierdo. Cambió de hemisferio cerebral.

En el capítulo 13, Chase le pregunta a House: "¿Te gustaría que me entrometiera en tu vida privada?" Y House responde: "Pues no, por eso carezco de vida privada". En realidad carece de vida privada por su incapacidad de expresar sus emociones con claridad. En la cuarta temporada, capítulo 10, House dice: "Los regalos nos permiten demostrar cuán poco conocemos a alguien. Y nada enoja más a las personas que ser ubicadas en el casillero equivocado".

En la temporada 5, capítulo 1, House dice: "¡La gente muere! Tú, Amber, todos. No actúes como si acabaras de descubrirlo. Te di un diagnóstico. No te gusta. Hay salidas en cada piso". El asunto paradójico radica en la ausencia de diagnóstico para las personas con el Síndrome Dr. House. Ellas no tienen salidas en cada piso. Están perdidas en un laberinto sin salidas. Más adelante House dice: "No te puedes ocultar de la miseria". Esa es la realidad de la persona con el síndrome. Toda su existencia es una miseria. La insatisfacción es total.

En la temporada 5, capítulo 17, House se enfrenta al caso de un hombre quien no puede mentir, debido a una alteración de su lóbulo frontal. Sus verdades lastiman a las personas con quienes se relaciona. Es la evidencia física para la premisa de House: "Todos mienten" (Everybody lies). Cuando descubren la causa de su enfermedad, House dice: "Se debe extirpar el fibroma y volverá a ser un hipócrita feliz".

En la temporada 8, capítulo 17, House, refiriéndose al apego de un hombre por una muñeca sexual, dice: "El hombre ama a un ser que nunca le responderá. No está más loco que millones de feligreses". Aunque la analogía es de corte religioso, hay un rastro subconsciente en ello. La persona con el Síndrome Dr. House no expresa su amor porque presupone, nunca será correspondido. En vez de ello se dedica a provocar e incomodar a la persona objeto de su amor. No puede alcanzar la felicidad con ella, entonces ella tampoco debe ser feliz.

7. El cansancio

En esencia, el cansancio es la falta de fuerzas después de realizar un esfuerzo físico, intelectual o emocional, o por la falta de descanso. Puede ser síntoma de una enfermedad, si no hay una actividad previa para justificarlo. El cansancio puede ser de dos tipos:

1. El cansancio normal. Se suele presentar en situaciones normales de la vida por causa de aburrimiento, infelicidad, desilusión, hastío, tedio, fastidio, carencia de sueño, o trabajo duro. Desaparece después de un periodo adecuado de descanso. También se puede definir como una sensación subjetiva de falta de energía física o intelectual o de ambas.

2. El cansancio patológico. Es también conocido como astenia, agotamiento o letargo. Se presenta sin haber trabajado de forma excesiva. Es conocido con el nombre de fatiga crónica. La fatiga crónica puede ser el síntoma. Delata a un paciente hipotiroideo, porque las personas con esta enfermedad se sienten cansadas o agotadas.

Hay una diferencia importante entre cansancio y apatía. El cansancio se da por falta de energía para hacer un trabajo, a pesar de la voluntad para hacerlo. El cuerpo no responde. La apatía, en cambio, aparece cuando no se tienen ganas de hacer las cosas.

Las personas con el Síndrome Dr. House llegan a experimentar el cansancio por un excesivo consumo de energía en sus elaboraciones intelectuales. Esta pérdida de energía deriva en una especie de cansancio – apatía. Es un cansancio selectivo. Hay disposición para hacer unas cosas y otras no. Es una especie de aburrimiento prolongado. Es un tedio sostenido en el tiempo. House se muestra sin ganas de atender a pacientes corrientes. Sólo recupera la vitalidad ante un caso capaz de despertar su curiosidad intelectual, ante un caso interesante.

En la temporada 1, capítulo 9, House dice: "La vida es un asco y la suya es peor que otras. Aunque las hay peores, lo cual también es deprimente". Sus palabras son un fiel reflejo de cuanto experimenta en su interior.

En la temporada 4, capítulo 12, House dice: "Un segundo… ¡No es sólo por el sexo! Te gusta su personalidad, que sea maquiavélica y que no le importen las consecuencias. Te gusta que humille a la gente si le conviene. Oh, Dios mío. Te acuestas conmigo". Una vez más, las palabras del médico reflejan su estado interior. En el capítulo 14, dice: "La mitad de las personas que salvo no merecen una segunda oportunidad". A esas personas el cansancio – apatía las echó a perder hace rato. Ni siquiera son conscientes de haber sido salvadas. Mas delante dice: "Al contrario de los programas de TV que representan al mundo exactamente como es, como por ejemplo... no se me ocurre ninguno. Es bueno, porque apestarían. Y serían redundantes". La realidad, para las personas con el síndrome, apesta, es aburrida. No vale invertir energía en ella.

En la temporada 5, capítulo 3, House dice: "La gente odia a la gente que tiene teorías sobre la gente". Y en el capítulo 6 de la temporada 6, House dice: "Me siento mucho mejor, gracias por no preguntar". Es un juego lógico de palabras. Con el se denota la realidad de las personas con el Síndrome Dr. House. Cuando ellas responden a la pregunta de cómo se sienten, siempre la respuesta será algo retórico. No es una descripción real de cómo se sienten.

Luis Carlos Molina Acevedo

8. La soledad

La soledad en términos sociales significa estar solo sin acompañamiento de una persona u otro ser vivo. La soledad puede tener origen en diferentes causas, como la propia elección del individuo, el aislamiento impuesto por un determinado sector de la sociedad, una enfermedad contagiosa o hábitos socialmente distraídos.

La soledad durante períodos largos puede afectar al individuo y suele ser percibida como desagradable. Causa depresión, aislamiento y reclusión, dando como resultado una incapacidad de establecer relaciones con los demás. Para muchos suele ser causa de depresión. Para otros la soledad no es algo deprimente.

Debe hacerse una distinción entre la soledad física y mental. Un individuo puede buscar soledad física para eliminar distracciones y concentrarse o meditar más fácilmente. Aun así, no es el fin en sí mismo, y una vez se alcanza suficiente capacidad para ignorar las distracciones, la gente se vuelve menos sensible a las mismas y puede mantener la concentración. Los síntomas de soledad impuesta frecuentemente incluyen ansiedad, alucinaciones, o incluso distorsiones de la percepción y el tiempo.

Hay tres tipos de aislamiento en las personas:

1. El aislamiento protectivo. Se busca en experimentos y pruebas. Se puede distinguir porque uno puede decidir abandonar la prueba y por tanto el aislamiento. Uno puede prepararse para él, y generalmente no es algo negativo. House lo vive cuando se recluye en el hospital psiquiátrico para desintoxicarse.

2. El aislamiento por enfermedad. No proporciona beneficios para el individuo y no puede prepararse para él. Por tanto, no es deseable.

3. El aislamiento emocional. Es un término utilizado para describir el estado del individuo emocionalmente aislado, a pesar de tener una red social normal. Este es vivido permanentemente por House.

La persona con el Síndrome Dr. House encaja en este tercer tipo de soledad. Estas personas se sienten solas en medio de la multitud. No sienten conexión emocional con quienes le rodean. Se relacionan con muchas personas, pero escasamente tienen una persona a quien sienten realmente como amiga. House lo reconoce una y otra vez, solo tiene un amigo. Wilson es el único quien no se va, le diga cuanto le diga, le haga cuanto le haga.

En la temporada 1, capítulo 19, Wilson le dice a House: "No, mi consejo es mucho más sutil, no te pases de idiota. Siempre encuentras algún pequeño defecto para empujar lejos a la gente". No son los defectos la causa para alejarse. Las personas con el síndrome en realidad temen depositar su confianza en alguien diferente a ellas mismas. Como se reconocen mentirosas, aplican por extensión la misma cualidad al resto de las personas. Es difícil confiar en los mentirosos. Ellos tienen una gran capacidad para engañar. Lo peor en cualquier relación es sentirse engañado por la otra persona. En el capítulo 21, House brinda con el marido de Stacy, su ex mujer, y dice: "¡Por las mujeres! No se puede vivir con ellas. Ni matarlas y decir que se han ido de 'strippers' a Atlantic City".

En la temporada 2, capítulo 6, Stacy y House discuten sobre unos trámites. House pregunta: "¿Sabes? Nuestra relación iba mejor cuando nos acostábamos juntos ¿por qué dejamos de hacerlo, por tu marido?". En el capítulo 8, Stacy le pregunta a House qué le oculta sobre el caso investigado. House responde: "Soy gay. Ah, ¿no te referías a eso? Pero explica muchas cosas, siempre con Wilson, sin novia ¿mi obsesión por los tenis?". Todas estas respuestas de House denotan su gran soledad.

En el capítulo 10, Stacy se cree la culpable de las relaciones de pareja acabadas mal. House le confirma: "Sí, es culpa tuya. Etimológicamente Stacy significa arruina-relaciones". En el capítulo 16, House ha tenido a Wilson horas esperando en la puerta de casa, haciéndole creer la compañía de una mujer. Al entrar, lo ve solo. Al sentir el reclamo del amigo, House dice: "Necesito mucha estimulación. Yo no me masturbo, me hago el amor". En la temporada 4, capítulo 7, dice: "No, a la que te está volviendo idiota. Es la historia de la vida. Un chico conoce una chica, el chico se vuelve estúpido, el chico y la chica viven estúpidamente para siempre".

En la temporada 6, capítulo 16, el hospital ha sido clausurado por la falsa alarma del robo de un bebé. House queda encerrado en una habitación con un enfermo terminal de cáncer, mientras pasa la emergencia.

22:15. House le dice al enfermo de cáncer Terminal:

—Así que todo se resume en esto en las horas finales. Desafiando algún amor perdido. Esperando que esté al teléfono y hacerlo todo bien. Es patético. Ya sea que la dejaste por alguna razón, o ella te dejó por alguna razón. Una llamada no es...

—Es mi hija.

— ¿Por qué no está ella aquí?

—Dejé a mi familia cuando Gracie tenía 6 años. Fui algo así como forzado en realidad, después de que tuve una aventura con una estudiante.

— ¿Por sexo o por amor?

—Ninguna. Sólo me había casado con la madre de Gracie por el bebé. Pero no pensé que pudiera manejar el compromiso, y como cualquier académico docente, me he probado bien.

— ¿Y en qué momento eso tiene algo que ver?

—Es una profesora de baile en Atlanta. Ella llega desde el trabajo a las 9, y yo sólo quería conversarle una vez más. Esa es mi historia. ¿Cuál es la suya?

—Es lo mismo, más o menos.

—Moriré dentro de unas pocas horas. Tus secretos no podrían estar más seguros. A no ser que usted los está ocultando.

—Me gusta estar solo. Por lo menos creo que estoy mejor así. Y luego conocí a alguien en un hospital psiquiátrico, de todos los lugares. Ella me cambió. Y luego me dejó. Estamos mejor solos. Sufrimos solos, morimos solos. No importa si tú eres un esposo ideal o el padre del año. El mañana será lo mismo para ti.

—Pero el ayer sería diferente.

Siempre quedará la duda de qué habría pasado si la mujer del psiquiátrico se hubiera quedado con House, en vez de irse con la familia a otro Estado. Pero por lo sucedido con Cuddy, la respuesta es casi segura: House habría encontrado la forma de estropearlo todo, también con ella.

Luis Carlos Molina Acevedo

9. La simulación

Es la capacidad de una persona de mentirse a sí misma. Este es uno de los síntomas más estremecedores del Síndrome Dr. House. La persona es capaz de convencerse a sí misma de tener una dolencia física, cuando en realidad es un conflicto emocional no resuelto. La gran paradoja con este síntoma, se presenta cuando la persona se enferma de verdad, cuando en realidad tiene una enfermedad psicosomática. El proceso es todo lo contrario, no hay quién la convenza de estar enferma de verdad. En algún recóndito rincón del proceso de evasión, el hemisferio derecho sigue engañando a la persona para no reconocerse enferma. Aquí el comportamiento de la persona es el opuesto. Por todos los medios trata de evitar cualquier intervención clínica para aliviarle. Esta es la gran paradoja del Síndrome Dr. House, difícil de explicar.

La simulación tiene su origen etimológico en el latín. Tiene dos componentes léxicos "similis", parecido, y el sufijo "-ion", acción o efecto. La palabra se refiere a la representación de algo, imitando o fingiendo cuanto no es. El travestido, por ejemplo, simula o finge ser una mujer. La simulación se ha vuelto también la característica de base para algunos sistemas científicos y académico. Se usan sistemas de simulación para imitar la realidad. La simulación en esencia, es presentar un remedo de la realidad como si fuera la realidad misma. Esto es válido también para el Síndrome Dr. House. Mediante la simulación la persona hace pasar por enfermedad real un malestar emocional. Con esta simulación no solo se engaña a sí misma, sino también a quienes intentan aliviarla (médicos) o compadecerla (familiares, amistades y compañeros profesionales)

Las personas con el Síndrome Dr. House tienen una gran capacidad para representar emociones no sentidas. Son capaces de simular una enfermedad con realismo y coherencia. Por eso los sistemas de salud son todo un desafío para ellas. Les interesa ejercitar su gran capacidad mental para engañar a quienes disponen de todos los recursos para descubrir las mentiras. Se burlan de los instrumentales más novedosos. Logran pasar por enfermos físicos, cuando realmente son enfermos emocionales. La simulación es la mejor evasiva para ignorar su dolencia emocional.

Es un juego inconsciente. Es ejecutado por el hemisferio derecho del cerebro. El hemisferio izquierdo, el racional, no se entera. Por eso la dolencia emocional se esconde al conocimiento de la persona con el síndrome. Ella se siente enferma pero no sabe de qué. Los médicos tampoco logran saberlo. La dolencia emocional se les oculta detrás de síntomas físicos fingidos por el hemisferio derecho de la persona. Hay una especie de disociación entre hemisferios. El derecho logra engañar la racionalidad del izquierdo y la racionalidad de los médicos.

Cómo se diagnóstica algo cuando se evade detrás de síntomas engañosos. El hemisferio derecho se comporta como el asesino psicópata. Comete sus asesinatos y deja huellas incapaces de llevar a las autoridades hasta el verdadero asesino. Se burla de quienes se creen los más listos. La gran diferencia del asesino psicópata con la persona del Síndrome Dr. House radica en la forma de manifestarse el comportamiento. En el síndrome es un proceso cerebral, interno. En el asesino es un proceso externo. En el síndrome, el engaño es un juego sofisticado. En el asesino es un desafío patológico. En el síndrome no se corre un riesgo. El asesino corre el riesgo de ser descubierto y ser privado de la libertad, y hasta de la vida.

La racionalidad de House identifica al dolor de la pierna como la causa de toda su desdicha en la vida. Su racionalidad no es capaz de descubrir el engaño de su hemisferio derecho. Lo hunde en alucinaciones y ni así es capaz de identificar el verdadero síntoma. Se le escapa el proceso seguido por el hemisferio derecho del cerebro. Siempre recae en el síntoma simulado, el síntoma proyectado sobre la pierna como una evasión de la dolencia emocional.

En la temporada 1, capítulo 4, House dice: "¿Su ex novio se parece a su marido? Pues tenga el niño, no se enterará. Pasa en las mejores familias, querida. ¿Por qué no en la suya?" En el capítulo 13, House dice: "Es un secreto. ¿Cuál es el secreto? ¿Que todos son idiotas?". En el capítulo 19, dice: "Exacto. Eran estilizados, y muy dolorosos de usar. Sólo una mujer superficial e insegura preferiría soportar el dolor todo el día que usar unos decentes y cómodos zapatos y ese es el tipo que no quiero aquí". Las personas están simulando ser quienes no son. Algunos detalles es fácil identificarlos, pero los fundamentales, es más difícil.

En la temporada 2, capítulo 24, House habla con la mujer de su paciente. Es bastante más guapa e inteligente, en relación con el paciente y dice: "Los nueves se casan con los nueves, los cuatros con los cuatros... Hay excepciones si hay mucho dinero de por medio, pero su ropa me dice que no es así". La simulación es proyectada de muchas formas por el hemisferio derecho. Éste obliga a fingir cuanto no se es con el vestuario, con las facciones, con los comportamientos, con las relaciones. Pero las simulaciones en realidad importantes para diagnosticar el Síndrome Dr. House, difícilmente se dejan identificar con tanta facilidad.

En la temporada 3, capítulo 4, House dice: "¿Por qué sentir lástima por alguien redimido de las inanes normas de cortesía que son una completa idiotez, hipócritas y por tanto degradantes? El chico no tiene que fingir que le interesa tu lumbalgia, ni tus excreciones, ni donde le pica a tu abuela. ¿Te imaginas lo liberador que sería tener una vida exenta de todas esas empalagosas idioteces? No lo compadezco. Lo envidio". House envidia la incapacidad del paciente para simular. A él le gustaría ser como el chico, pero no puede. La racionalidad del hemisferio izquierdo no es capaz de descubrir los trucos del hemisferio derecho, así aplique a la perfección el método socrático, el método de Sherlock Holmes.

Síndrome Dr. House

En la temporada 3, capítulo 8, House le dice a Foreman delante de un paciente: "¿Sigues con la enfermera de pediatría? Chico, yo creo que no te conviene. Necesitas una mujer distante, calculadora, ambiciosa. Como tú, pero con falda". El hemisferio derecho tiene mucho poder cuando logra disociarse del izquierdo. Es capaz de hacernos simular conformidad con aquello no afín a nosotros. House dice: "Sólo hay algo peor que las personas tontas, las personas tontas que no saben que son tontas".

Luis Carlos Molina Acevedo

Tercera parte

GÉNESIS DEL SÍNDROME

"El Ascenso del Hombre" es el título de una serie documental de divulgación científica y también el título del libro correspondiente, ambos de la autoría de Jacob Bronowski. La serie fue una coproducción de la BBC. Está compuesta por 13 episodios, el primero se emitió el 5 de mayo de 1973.

En esta serie, se nos plantea cómo en esa transición entre la Edad Media y el Renacimiento ocurre el primer colapso en términos de salubridad pública. La iglesia católica se había dedicado a vender indulgencias, la contraparte humana de la absolución divina. La absolución era potestad exclusiva de Dios, pero los pontífices y personas del clero disponían de la indulgencia para eximir del pecado. Al comienzo se hacía a cambio de obras humanitarias, pero luego fueron a cambio de dinero. A esto se le conoce con el nombre de simonía. La iglesia se convirtió en una gran inmobiliaria. Vendía pedazos de cielo en la tierra. Los ricos se llenaron de indulgencias en la creencia de ser inmunes al pecado y de ser propietarios del cielo.

Los propietarios de gran número de indulgencias se consideraron a sí mismos los protegidos de Dios en la tierra, así lo demostraba los títulos comprados a la iglesia. Pero la peste vino a mostrar la triste realidad. Los ricos no estaban protegidos por Dios ni por sus indulgencias. La peste mató por igual a ricos y a pobres. Los ricos sobrevivientes entraron en una gran crisis existencial. Se sintieron engañados por la iglesia. Vino la oleada social de reforma de la iglesia. Se creó el protestantismo.

Fue el primer gran desplome bursátil de la historia. Las indulgencias se desvalorizaron con rapidez. Pronto fueron papeles sin ningún valor. El hombre comenzó a mirar con esperanza hacia la ciencia. Vio en ésta una fuente más sólida de alcanzar la protección en la tierra. Comenzó a preocuparse no por la expiación de los pecados, sino por el descubrimiento de las leyes de la naturaleza. La preocupación por la salud pública pasó a ocupar un lugar de importancia. El hombre fue consciente de la necesidad de crear medios de defensa contra la enfermedad. Todavía no se concebía una defensa sistémica, pero sí la necesidad de evitar la peste en lo futuro.

En este gran acontecimiento histórico podríamos fijar el punto de partida del Síndrome Dr. House. Pero también podríamos marcar la génesis del síndrome mucho antes. Por ejemplo, cuando Alejandro Magno intentó conquistar a la India. Hasta ese momento, el ejército griego se consideraba invencible. Los soldados morían luchando en el campo de batalla y eso se consideraba normal. Pero cuando los compañeros comenzaron a morir de enfermedad en aquellos parajes indómitos, el síndrome de la desesperanza se apoderó de ellos. Ya no eran el ejército vencedor. Sólo eran un conglomerado de hombres invadidos por la nostalgia, por el deseo de regresar a casa. Los hombres se sublevan no por hambre o falta de recursos. Ahora como figuras cadavéricas, reclaman volver de nuevo con sus familias. Las dolencias físicas de la guerra no los doblegaron. Los doblega la dolencia emocional. Hay un malestar en todos sus cuerpos. No saben qué es en realidad, pero se sienten enfermos. Quieren volver a casa, quizá así vuelvan a recuperar el bienestar perdido. Ellos estaban contagiados con el Síndrome Dr. House. Fue el decaimiento de Grecia.

El Síndrome Dr. House aparece cíclicamente en la historia, ligado a acontecimientos significativos donde la esperanza es diezmada. El síndrome también estuvo presente en la base de la caída del Imperio Romano. También se generó al comienzo de la Era Industrial cuando el hombre perdió el pedestal en el proceso de producción y fue reemplazado por la máquina. El síndrome también tomó forma en la Primera y Segunda Guerra Mundial. Hacia ellas fueron valientes guerreros y regresaron remedos humanos mutilados, enfermos de cuerpo y alma. El horror había invadido sus cabezas. El Síndrome Dr. House se pasea por los cerebros de las personas sometidas a grandes crisis existenciales. Estos son solo algunos ejemplos de su ocurrencia en la historia de la humanidad.

El Síndrome Dr. House puede rastrearse a lo largo de la historia. No es un cuadro de comportamiento de ahora. En la actualidad sólo se ha facilitado su percepción. Ello ha sido posible gracias al arte. La serie de televisión House M.D. aporta ejemplos para explicar con más facilidad las características de dicho síndrome. La génesis del síndrome puede remontarse al origen mismo de la especie humana. Debe llamar la atención, eso sí, por qué cuando el hombre ha logrado grandes avances sanitarios y en materia de salubridad, el síndrome deja de estar ligado a acontecimientos críticos de la humanidad, para volverse un estilo de vida. Qué hay en el modelo neoliberal capaz de volver permanente y extenso el Síndrome Dr. House. Su ocurrencia ya no es circunstancial y circunscrita a un sector específico de la población. Ahora se produce en cualquier momento y alcanza cada vez a más seres humanos.

En términos generales, la génesis del Síndrome Dr. House está marcada por dos factores:

1. Ambientales: el hombre se enfrenta a condiciones fuera de su control y pierde la esperanza. Los parajes indómitos de la India en nada se parecen a los aledaños a las polis de Macedonia y Persia. La peste mata por igual a ricos y pobres.

2. Nutricionales: cuando se pierde el control sobre el ambiente, la alimentación se vuelve de bajo nivel nutricional y las funciones orgánicas son deficientes. Los hemisferios cerebrales pueden disociarse.

En la génesis del Síndrome Dr. House, también se deben reconocer dos procesos:

1. Fortuito: cuando se iba a la guerra o se padecía la peste, el síndrome se presenta como un efecto colateral. La gente no iba a la guerra para desencadenar el Síndrome Dr. House. Lo hacían para

resolver alguna problemática social o política. Esta sería otra característica del Síndrome Dr. House antes de la era neoliberal.

2. Intencionado: en la era neoliberal, se crean unas condiciones artificiales con el objetivo de desencadenar el Síndrome Dr. House como mecanismo de control social.

Como se planteó al comienzo, esta exploración de la génesis del síndrome está formada por ocho consideraciones. Ellas constituyen el marco de referencia o marco teórico para entender el Síndrome Dr. House en la era neoliberal, es decir, como fenómeno provocado con intención. A continuación desarrollamos las ocho temáticas.

Luis Carlos Molina Acevedo

1. Asistencia Sanitaria Universal

La asistencia sanitaria universal se nos presenta como el primer esfuerzo del hombre por liberar a la humanidad de la triste realidad de la peste y las epidemias en general. Con la asistencia sanitaria, se podía eliminar uno de los factores ambientales, desencadenante del Síndrome Dr. House. Pero la consideración de la asistencia sanitaria nos interesa aquí por algo más. Ella aporta elementos para entender cómo el Síndrome Dr. House puede ser provocado de forma deliberada en la era neoliberal.

La asistencia sanitaria universal, asistencia sanitaria pública, asistencia de salud pública o sanidad pública hace referencia al acceso a asistencia sanitaria completa y la salud pública de todos los residentes de un país o región geográfica o política sin importar su capacidad económica, ni su situación personal. La asistencia sanitaria universal responde a la demanda del derecho a la salud, inscribiéndose en los derechos económicos, sociales y culturales, considerados derechos humanos de segunda generación.

La asistencia sanitaria universal se provee en la mayoría de países desarrollados, y en muchos países en desarrollo a lo largo del globo. En la década de 1880, la mayoría de alemanes obtuvieron cobertura bajo el sistema de asistencia sanitaria obligatoria adelantado por Otto von Bismarck. En 1948, el National Health Service del Reino Unido fue el primer sistema universal de asistencia sanitaria provisto por el gobierno. El sistema universal actual más completo es el francés, y le sigue el italiano. Otros ejemplos son Medicare en Australia, establecido en la década de 1970, y con el mismo nombre, Medicare de Canadá, establecido entre 1966 y 1984.

El sistema universal de asistencia sanitaria es diferente de los sistemas de asistencia sanitaria en los Estados Unidos y en Sudáfrica. El 23 de marzo de 2010, el presidente de los Estados Unidos Barack Obama promulga la Ley de Protección al Paciente y Cuidado de Salud Asequible y se reforma así el sistema sanitario estadounidense.

Algunos sistemas de asistencia sanitaria gubernamental permiten la participación de practicantes privados en la prestación de servicios, y otros no. En el Reino Unido, se les permite a los doctores proveer servicios por fuera del sistema gubernamental. En Canadá, algunos servicios son permitidos y otros no. En Colombia los servicios son ofrecidos por entidades privadas, en su gran mayoría.

En la idea de la asistencia sanitaria universal, tienen su origen los sistemas de salud creados en los países desarrollados y en desarrollo, como se verá a continuación. El gran problema de estos está en la perdida del horizonte filantrópico planteado en la asistencia sanitaria universal, para convertirse en sistemas movidos por intereses económicos, de corte neoliberal.

La asistencia sanitaria universal comenzó a crear las condiciones para facilitar la aparición deliberada del segundo factor desencadenante del Síndrome Dr. House: el nutricional o bioquímico. Con la aparición de la asistencia sanitaria universal, nació también una nueva industria, la farmacéutica. Este desarrollo fue fundamental para concretar el modelo neoliberal. Ya no se recitaba un bajo nivel nutricional por mala alimentación, debido a crisis de salubridad o sociales. Mediante fármacos se podían crear condiciones bioquímicas para provocar la disociación de los hemisferios cerebrales. A la industria farmacéutica se unió más tarde la industria alimenticia en esta meta de provocar el segundo factor en la base del síndrome.

Luis Carlos Molina Acevedo

2. Los Tres Reyes Magos de Harvard

Como se dijo antes, el Síndrome Dr. House se desencadena a partir de dos factores: uno ambiental y otro nutricional o bioquímico. Con la asistencia sanitaria universal, se crearon las condiciones para manipular el factor nutricional. Ahora quedaba explorar las formas de lograr la manipulación del factor ambiental. Para el primero fueron fundamentales los expertos en química. Para este segundo, serían fundamentales los expertos en política y economía.

Los expertos se dieron a la tarea de diseñar soluciones para integrar estos dos factores, el ambiental y el bioquímico. Así surgieron los sistemas de salud como un modelo aplicable a países desarrollados y en desarrollo. Estos sistemas se disfrazaron de filántropos mediante la incorporación de la filosofía subyacente en la idea de la asistencia sanitaria universal. Estos sistemas de salud se hicieron posibles cuando el modelo neoliberal se había consolidado y la industria farmacéutica se había vuelto uno de los negocios más rentables del mundo. Hablamos de la década de 1980, hacia el final.

Los sistemas de salud, en los países en vías de desarrollo, obedecen a una política neoliberal trazada por la Organización para la Cooperación y el Desarrollo Económicos (OCDE). El diseño de esta política ha estado a cargo de los denominados Tres Reyes Magos, quienes son profesores de la Universidad de Harvard.

Cuando fueron a Irán, algún funcionario los presentó como Los Tres Reyes Magos de los sistemas de salud. Los profesores de Harvard, el filósofo Norman Daniels, el politólogo Thomas Bossert y el economista especializado William Hsiao, han contribuido a darle forma y a mejorar los sistemas de salud de varios países en el mundo. Los dos últimos, Hsiao y Bossert, en 1994, dirigieron el Plan Maestro de la implementación de la Ley 100. Esta ley transformó la organización de la salud pública y privada en Colombia.

La formación de los expertos, encargados de diseñar los sistemas de salud, deberían despertar de por sí suspicacias. Un filósofo, un politólogo y un economista fueron los encargados de diseñar estos sistemas. No aparecen expertos en salud por ningún lado. Quizá la conclusión más plausible de ello sea: los sistemas de salud tienen de todo, menos de salud. Bajo el pretendido derecho a la salud, se instrumentaron unos sistemas para otros fines muy distintos a los de garantizar la salud pública.

El 06 de julio de 2009, la Revista Semana publica una entrevista con Los Tres Reyes Magos, realizada durante la visita de ellos a Colombia. Semana es una revista colombiana de política y actualidad. Fue fundada en 1946, por Alberto Lleras Camargo, justo después de terminar su período presidencial. La revista fue vocera del ideario del Partido Liberal. Circuló hasta 1961. En 1982, Felipe López decidió refundar la revista. Alberto Lleras le cedió los derechos sobre el nombre de Semana.

La entrevista de María Teresa Ronderos gira alrededor de cómo ven ellos la evolución del sistema de salud colombiano, sus ventajas y fallas; si lo consideran justo y equitativo y cómo creen ellos, podría mejorarse. La importancia de esta entrevista radica en los elementos expuestos para entender qué pasa en el sistema de salud no solo de Colombia, sino también de todos los países donde Los Tres Reyes Magos han implantado el modelo como una receta infalible para la salud pública y privada.

A la pregunta de cómo ven el Sistema de Salud Colombiano, Thomas Bossert responde, ha sido muy exitoso en la cobertura porque casi el 90 por ciento de los colombianos están cubiertos. Además introdujo una nueva idea en el mundo. Los afiliados al régimen contributivo contribuyen a cubrir en parte el costo de atender a los más pobres en el régimen subsidiado. El sistema también buscaba mejorar la eficiencia del servicio de salud y disminuir el desperdicio de recursos, pero esta parte no funcionó. Colombia hizo el esfuerzo de conseguir recursos destinados a la salud. Luego se los dio a empresas privadas. Esto resultó muy costoso, porque no hubo competencia entre ellas. Además se planeó una rebaja en el subsidio a los hospitales públicos, debido a la demanda subsidiada, pero por problemas políticos, esto no sucedió. Los costos entonces se dispararon.

A la pregunta de qué es un debido proceso en el acceso a la salud, Daniels planteó cuatro requisitos:

1. Transparencia: la gente conoce y entiende las decisiones sobre su servicio de salud.

2. Legitimidad: las decisiones son construidas con la participación de los actores del sistema (médicos, hospitales, empresas, gobierno, asegurados), sobre un consenso básico.

3. Flexibilidad: lo decidido debe ser revisable con el tiempo, debido a cambios de la tecnología, la ciencia, etc.

4. Garantía: establecer las condiciones de cumplimiento de la transparencia, la legitimidad y la flexibilidad.

A la pregunta de si algún país había logrado realizar el debido proceso en cuestión, Daniels puso como ejemplo a Nueva Zelandia. Allí hubo un escándalo porque el Ministerio de Salud le negó atención a un niño muy enfermo. Su enfermedad no estaba contemplada en el POS. La familia fue a los medios de comunicación y se produjo un escándalo. El Ministerio cedió. Comenzó una discusión pública y amplia. Duró tres años sobre qué límites se le debían poner al POS y qué sería justo y qué no. Después, cuando hubo un caso similar de otro niño, la gente lo entendió. El Estado no podía asumir el costo de atenderlo. Los límites al POS eran legítimos y claros para todos.

Frente a la inquietud de Ronderos sobre la negación de servicios costosos a la gente, aún cuando están en el POS, Hsiao consideró necesaria una regulación estricta de las EPS. Pero cuando ellos asesoraron al gobierno colombiano, ya la Ley había incluido a las EPS privadas, y no podían hacer mucho. En otras partes, como en Polonia, recomendaron la no creación. Se vuelven políticamente muy poderosas y consiguen frenar los esfuerzos para regularlas. Es necesario regularlas antes. Estados Unidos es un buen ejemplo.

En relación con la inquietud de por qué la competencia del mercado no regula a las EPS, Hsiao mostró la imposibilidad de una competencia entre las EPS. No funciona como si se tratara de empresas para vender zapatos o ropa. La gente no tiene el conocimiento de qué servicios en salud realmente necesita, o cómo se le debe tratar una enfermedad, entonces no pueden saber cuál EPS es mejor. Puede creer en el renombre o en clínicas bonitas como prestadoras del mejor servicio médico, pero puede estar engañada.

Frente a la pregunta de qué hacer entonces, Hsiao afirma, una vez creadas estas empresas privadas de salud es imposible volver atrás. Es necesario inventar políticas para hacerlas cumplir. Por ejemplo, se puede desarrollar una EPS sin ánimo de lucro con un interés en servir a la gente. Se le da unos beneficios tributarios o créditos baratos por algunos años hasta consolidarla para competir con las privadas. Se puede proyectar esta EPS como el estándar de calidad. La gente se afiliará allí y las demás competirán con ella en calidad y costos.

Sobre el problema de las tutelas en salud, Daniels afirmó, la tutela se usa bien y se usa mal. Nos han mostrado unos datos de la Defensoría del Pueblo según los cuales el 80 por ciento de los casos son tutelas para obligar a las EPS a proveer atención incluida en el POS. Eso demuestra la necesidad de mejorar la regulación de las EPS. Debe haber mecanismos más efectivos, a la tutela, para hacer cumplir a estas empresas. Pero hay tutelas para forzar al sistema a proveer servicios no contemplados en el POS. Por lo general se fallan a favor del paciente, la EPS da la atención y el Estado paga. Esto encarece el costo de la salud y beneficia a unos pocos en detrimento de un mejor servicio para la mayoría.

En cuanto a la corrupción en el sistema de salud, Bossert sostuvo, en Colombia democratizaron las oportunidades de corrupción. El año antes de entrar en efecto la Ley 100 y la Ley 60 de descentralización, encontramos municipios con menores ingresos y obtenían 6 veces menos recursos para salud, en comparación con los municipios más ricos, en términos per cápita. Y después de estas leyes, la distribución quedó más o menos igual. Antes de las leyes, los municipios pobres contribuían 42 veces más a la salud, comparado con los más ricos, en términos de esfuerzo fiscal propio. Después de las leyes, contribuyen 12 veces más. Los sistemas altamente centralizados pueden ser muy corruptos, aquí el dinero se queda en menos manos. Pero aún con corrupción, los servicios de salud hoy le llegan a más colombianos.

Sobre la razón de su presencia de nuevo en el país, Hsiao planteó, venimos desarrollando guías de práctica clínica. Consisten en revisar cuáles son las mejores prácticas conocidas para tratar una enfermedad y poner un estándar. Así la variación de la calidad de los tratamientos ofrecidos por clínicas y doctores es menor y todos cumplen con unos estándares de calidad. También estamos calculando cuánto costaría incluir estas guías en el POS. Con esto, Colombia puede escoger qué es viable implementar aquí.

Las respuestas ofrecidas por Los Tres Reyes Magos, muestran con claridad cuáles son los problemas de los sistemas de salud neoliberales. La problemática es común a todos porque obedecen al mismo modelo de la OCDE. No están planteados para resolver un problema de salud pública y privada. En el trasfondo, el problema es de índole económica. Por eso en su segunda visita a Colombia, no traen soluciones para mejorar la prestación del servicio en salud. Traen en cambio Guías para hacer rentable el POS. Se trata de optimizar los costos y las ganancias del sistema de salud, no de mejorar la prestación del servicio. Personas no expertas en salud dicen qué se debe hacer en salud. Dicen cuáles son las mejores prácticas clínicas.

Luis Carlos Molina Acevedo

3. Obamacare

Estados Unidos ha sido uno de los países más resistentes a establecer un sistema de salud. Los consideran benéficos para los países en desarrollo, pero no para ellos. El Obamacare es un ejemplo de sistema de salud en países desarrollados. A pesar de la reglamentación rígida, el sistema enfrenta problemas similares a los observados en los países en desarrollo.

La Ley de Protección al Paciente y Cuidado de Salud Asequible (Patient Protection and Affordable Care Act), llamada Obamacare por los medios norteamericanos y reforma sanitaria de Obama por los hispanohablantes, fue promulgada con carácter de ley por el presidente de los Estados Unidos Barack Obama el 23 de marzo de 2010. Esta ley es el resultado del programa de reforma de la salud del congreso con mayoría del Partido Demócrata y de la administración Obama.

La ley exige a la mayoría de los adultos no cubiertos por un plan de salud, ya sea proporcionado por sus empleadores o patrocinado por el gobierno, a mantener una cobertura en salud. De no tenerla, se arriesgan a ser penalizados con una multa. Este tipo de exigencia es llamado mandato individual.

Quienes ganen por debajo del cuádruplo del umbral de pobreza, 92.200 dólares al año para una familia compuesta por cuatro personas, recibirán créditos fiscales con el fin de subvencionar el pago del seguro de salud. El Obamacare está compuesto por cuatro entidades:

1. Medicaid

2. Medicare

3. Las empresas

4. Aseguradoras privadas

Medicaid

Las familias con bajos ingresos, los niños, las embarazadas y los discapacitados están acogidos en Medicaid.

Con la reforma a la salud, se amplía la elegibilidad de Medicaid, el programa de salud de los Estados Unidos para personas de bajos recursos. El nuevo rango incluye a personas con ingresos hasta el 133 % del umbral de pobreza. Sin embargo, como Medicaid es administrado por cada estado, es potestad de ellos ampliar o no dicho programa.

Pero además de regular los principios del acceso a la salud, esta ley buscaba ampliar la cobertura. Mediante el llamado mandato individual, se incluía a 30 millones de estadounidenses no asegurados. Gracias a las subvenciones de ellos y por un aumento previsto del número de seguros de salud, Medicaid alcanzó una gran expansión. En esta entidad recayó el mayor peso de la reforma de la salud. El Estado se ha visto obligado a destinar más fondos a Medicare y Medicaid. Aún así, en total, ambos programas sólo atienden al 26,5% de la población. Alrededor del 15% de la población no tiene seguro médico.

Medicare

El Estado ofrece cobertura a las personas mayores de 65 años con el programa Medicare.

Las empresas

Las empresas garantizan la atención médica a más de la mitad de los estadounidenses (aproximadamente el 53.5% de la población). Las cuotas de los seguros de empresa han crecido cuatro veces más deprisa en comparación con los salarios.

Aseguradoras privadas

El cinco por ciento de la población (5%) recurre a aseguradoras privadas. El principio de equidad de la ley afecta a ciertos aspectos de la industria privada de los seguros de salud y los programas de salud públicos. Prohíbe a las compañías de seguros tener en cuenta condiciones preexistentes o el género, exigiéndoles otorgar cobertura a todos los solicitantes y a ofrecer las mismas tarifas sin importar su estado de salud o sexo.

La idea de la reforma de la salud comenzó durante la campaña presidencial de Obama. La atención pública se enfocó en las propuestas de los dos candidatos principales, los senadores Hillary Clinton y Barack Obama. Cada candidato proponía un plan para cubrir a los casi 45 millones de estadounidenses carentes de seguro de salud, según el estimativo. Una diferencia sustancial entre los dos planes fue:

1. Clinton proponía exigirles la contratación de cobertura a todos los estadounidenses,

2. Obama proponía un subsidio pero no la creación de una exigencia directa.

Después de la reforma, la atención en salud de la población tiene la siguiente distribución:

1. El gobierno cubre al 26.5 % de la población

2. Las empresas cubren el 53.5% de la población

3. Las aseguradoras privadas cubren el 5% de la población.

4. El 15% de la población no tiene cobertura.

Así es el sistema después de la reforma

1. Estructura. No hay cobertura universal. Las empresas garantizan la atención médica a más de la mitad de los estadounidenses, mientras otra parte de la población (5%) recurre a aseguradoras privadas.

2. Aportación estatal. El Estado ofrece cobertura a los mayores de 65 años con el programa Medicare. Las familias con bajos ingresos, los niños, las embarazadas y los discapacitados están acogidos en Medicaid. En total, ambos programas atienden al 26,5% de la población.

3. Desventajas. Los costes han aumentado vertiginosamente, incidiendo en el déficit presupuestario. El gasto sanitario en 2008 fue de 2,38 billones de dólares, equivalente al 19% del PIB, el doble de la media de los países de la OCDE. Las

cuotas de los seguros de empresa han crecido cuatro veces más deprisa en comparación con los salarios. Alrededor del 15% de la población no tiene seguro médico. El Estado se ha visto obligado a destinar más fondos a Medicare y Medicaid.

El Obamacare no está exento de los problemas de los sistemas de salud en el mundo. En la serie de televisión House M.D., se refleja parte de la problemática. Cuddy, la directora del hospital, arriesga su puesto para sacar un trato justo con los intermediarios en el negocio de la salud. El 12% le permite mantener funcionando el hospital, pero los intermediarios le ofrecen el 4%. En cambio a los grandes hospitales, donde se atienden a la mayoría de los contagiados con el Síndrome Dr. House, los intermediarios ofrecen tratos del 18% y más. En esos hospitales no se centra la atención de alta complejidad, pero reciben los mejores tratos, porque los intermediarios tienen intereses en ellos. Las personas con el Síndrome Dr. House, demandan menos costos en su atención, pero a los lugares donde son atendidos, se destinan los mayores presupuestos. Una vez más se pone en evidencia la realidad de estas reformas de la salud pública y privada. El interés no es la salud en sí, sino el gran negocio instalado alrededor de los sistemas de salud.

Luis Carlos Molina Acevedo

4. Sistema de Salud de Colombia

Los sistemas de salud en la era neoliberal, parecen desarrollados para atender a personas con el Síndrome Dr. House. Son personas con la creencia de estar enfermas. Se les receta analgésicos y como no están enfermas, no corren el riesgo de empeorar y poner en evidencia la ineficiencia del sistema. Inclusive, se les puede negar las citas y los tratamientos y no pasa nada. El sistema se vuelve ineficiente cuando debe atender a los enfermos psicosomáticos de verdad. Estos son quienes mueren en las puertas de los hospitales o en sus pasillos por falta de atención.

Las personas con el síndrome han colapsado los sistemas de salud. Ellos tienen la habilidad para mentir, para manipular, para simular y por eso siempre consiguen ser atendidos. Ellos terminan teniendo la prelación. Los enfermos de verdad, en cambio, por no tener esas capacidades, deben someterse al estricto orden de citas y terminan sin conseguir alguna durante semanas, meses y hasta años. Aquí parece haber también una gran paradoja. El éxito de los sistemas de salud se demuestra con la gran demanda de consultas y de pacientes atendidos.

Pero en lo verdaderamente importante, los sistemas de salud son poco exitosos. Aquí también se aplica la característica básica del Síndrome Dr. House: lo importante en términos de salud, sigue siendo invisible y lo visible es puro engaño. La lógica de los hemisferios disociados opera en todos los planos: a nivel de la persona, de los sistemas de salud, la sociedad.

A diferencia de cuanto ocurre en Estados Unidos y otros países desarrollados, a los países en desarrollo se los ha tratado de uniformar con un modelo único de sistema de salud. Dicho modelo, impuesto por la OCDE y desarrollado por expertos de la Universidad de Harvard, ha estado lleno de problemas difíciles de solucionar.

A continuación se hacen algunas consideraciones sobre el Sistema de Salud de Colombia. Este sistema se ofrece como un buen ejemplo para entender qué sucede con la salud en la era neoliberal. Con algunas variaciones mínimas, serán válidas para muchos países, por lo expuesto en el párrafo anterior y lo expuesto en el apartado "Los Tres Reyes Magos de Harvard".

El sistema general de seguridad social de Colombia está reglamentado por la Ley 100, expedida el 23 de diciembre de 1993. Colombia para el año 2000 se encontraba en el puesto 41 de 191 países, por su desempeño general del sistema de salud según un informe de la Organización Mundial de la Salud.

El sistema en salud está compuesto básicamente por cuatro entes:

1. El Ciudadano: Actúa como Usuario-Beneficiado del sistema y cumple deberes y responsabilidades acorde con las reglas y principios del Sistema General de Seguridad Social en Salud.

2. El Gobierno: actúa como ente de coordinación, dirección y control. Sus organismos son: El Ministerio de la Salud y Protección Social, la Comisión de Regulación en Salud (CRES), y la Superintendencia Nacional de Salud (SNS). La CRES reemplazó al Consejo Nacional de Seguridad Social en Salud (CNSSS) por la Ley 1122 de 2007. La SNS vigila y controla a los actores del sistema.

3. Los Aseguradores: actúan como intermediarios y administradores de los recursos provistos por el estado en forma de prima anual denominada Unidad de Pago por Capitación -UPC-. Son entidades privadas. Aseguran a la población. Son de dos clases, Entidades Promotoras de Salud (EPS) y las Administradoras de Riesgos Laborales (ARL).

4. Los Prestadores: son las Instituciones Prestadoras de Salud (IPS), los hospitales, clínicas, laboratorios, etc. Prestan directamente el servicio a los usuarios y aportan todos los recursos necesarios para la recuperación de la salud y la prevención de la enfermedad. Ellas agrupan a los profesionales independientes de salud (médicos, enfermeras, etc.) y los transportadores especializados de pacientes (ambulancias).

En el Sistema general de Seguridad Social en Salud de Colombia las entidades responsables de administrar los riesgos relacionados con salud por enfermedad general o por enfermedad y accidentes laborales son:

a. EPS

Su función es organizar y garantizar la prestación de los servicios de salud incluidos en el POS (Plan Obligatorio de Salud). Son las responsables de la gestión de riesgos derivados de la enfermedad general o no ocupacional. Es posible vincularse a salud por medio de dos modelos de aseguramiento:

a) Mediante el sistema del régimen contributivo: aquí están vinculados todos los empleados y empleadores con capacidad de pago quienes hacen un aporte mensual para salud y pensión

b) Mediante el régimen subsidiado: cobija a todas las personas pobres y vulnerables en donde los servicios de salud están amparados con los recaudos de solidaridad de los demás entes participantes en el sistema.

c) PPNA: no está regido por las EPS, pero funciona como un tercer régimen de salud. A él pertenecen las personas bajo la denominación de vinculados o Población Pobre No Asegurada PPNA. Son personas sin afiliación alguna al Sistema de Salud en alguno de los dos regímenes subsidiado o contributivo. Su atención médica se realiza a través de contratos de prestación de servicios entre los entes territoriales y las Empresas Sociales del Estado.

La EPS contributiva o la EPS subsidiada son las responsables de la afiliación, el registro de los afiliados y el recaudo de sus aportes. Las EPS contratan la prestación de los servicios de salud con las IPS (hospitales, clínicas, laboratorios, etc.).

La Superintendencia de Salud define cuáles organizaciones privadas califican como EPS basándose en la infraestructura, capital, número de usuarios afiliados, funcionalidad y cubrimiento. Las EPS deben garantizar a sus afiliados el POS. Para cumplir con esa obligación deben conformar una red de servicios con sus propias instituciones de salud o contratando servicios con otras empresas prestadoras de salud o IPS.

b. ARL

Son las responsables de cubrir los eventos derivados de riesgos ocupacionales o de trabajo. Todo empleador tiene la obligación de afiliar a sus empleados a una ARL. El valor total del aporte le corresponde al empleador. Con esa afiliación se cubren todos los gastos de salud, ocasionados por los accidentes o enfermedades laborales, así como el pago de los días de incapacidad. La atención de los accidentes o enfermedades será realizada por la EPS. Ella cobrará los gastos ocasionados a la ARL.

c. IPS

Son los hospitales, clínicas, laboratorios, consultorios, etc. Prestan el servicio de salud. Pueden ser públicas o privadas. Para efectos de clasificación en niveles de complejidad y de atención se caracterizan según el tipo de servicios habilitados y acreditados, es decir, su capacidad instalada, tecnología y personal, además de los procedimientos e intervenciones capaces de realizar. Según estudio del

Ministerio de la Protección Social, de las IPS reportadas, el 84,3% corresponden al primer nivel de atención, el 13,4% al segundo nivel y el 2,3% al tercer nivel de atención. Los niveles de atención tienen las siguientes características:

a) Baja complejidad: Son aquellas instituciones dedicadas a realizar intervenciones y actividades de promoción de la salud y prevención de la enfermedad, consulta médica y odontológica, internación, atención de urgencias, partos de baja complejidad y servicios de ayuda diagnóstica básicos. A esto se denomina primer nivel de atención.

b) Mediana complejidad: Son instituciones con atención de las especialidades básicas como lo son pediatría, cirugía general, medicina interna, ortopedia y ginecobstetricia. Tienen disponibilidad las 24 horas en internación y valoración de urgencias. Ofrecen, además, servicios de consulta externa por especialista y laboratorios de mayor complejidad. A esto se denomina el segundo nivel de atención.

c) Alta complejidad: Son instituciones con especialidades tales como neurocirugía, cirugía vascular, neumología, nefrología, dermatología, etc. Tienen atención por especialista las 24 horas, consulta, servicio de urgencias, radiología intervencionista, medicina nuclear, unidades especiales como cuidados intensivos y unidad renal. Incluye casos y eventos o tratamientos considerados como de alto costo en el POS. A esto se denomina el tercer nivel de atención.

Para atención de lo relacionado con enfermedad general y, con riesgos no laborales, el gobierno destina los recursos en salud. Son manejados por el Fondo de Solidaridad y Garantía (FOSYGA), creado a partir del artículo 218 de la ley 100 de 1993 y el artículo 1 del Decreto 1283 del 23 de julio de 1996. Funciona como una cuenta adscrita al Ministerio de la Protección Social. Es manejada por encargo fiduciario. La fiduciaria es la encargada de realizar una distribución a cada una de sus subcuentas, cuatro en total, para cubrir todos los frentes del sistema de seguridad social.

De las cuatro subcuentas, llama la atención la denominada de solidaridad. Recauda los recursos aportados por todos los actores del sistema con destino al régimen subsidiado. Una parte de la cotización a EPS es aportada por todas las personas afiliadas al régimen contributivo. Los recursos administrados por la subcuenta tienen por objeto permitir la afiliación de la población pobre y vulnerable a éste régimen mediante un subsidio a la demanda, consistente en el pago de la prima o UPC a las EPS del Régimen Subsidiado. Entre más recursos obtenga ésta cuenta, más aumentará la cobertura y universalidad, logrando afiliar a la mayor población pobre y vulnerable en el régimen subsidiado. En esencia, el régimen subsidiado lo terminan pagando los trabajadores y no el Estado.

En teoría, el sistema tiene cuatro propósitos:

1. Mejorar el estado de salud de la población Colombiana.

2. Evitar la progresión y los desenlaces adversos de la enfermedad.

3. Enfrentar los retos del envejecimiento poblacional y la transición demográfica.

4. Disminuir las inequidades en salud de la población Colombiana.

El Sistema de Identificación de Potenciales Beneficiarios de Programas Sociales (SISBEN) es una herramienta para clasificar a los individuos de acuerdo con su estándar de vida. Permite la selección técnica, objetiva, uniforme y equitativa de beneficiarios de los programas sociales del Estado, de acuerdo con su condición socioeconómica particular. Si una persona ha sido identificada como potencial beneficiario de los programas sociales, es decir, está entre el nivel 1 y 3, podrá acceder a los subsidios otorgados por el Estado a través de los diferentes programas, de acuerdo con la reglamentación de cada uno de ellos.

No todo es color de rosa

La intermediación y gestión por parte de las EPS es motivo de críticas y denuncias permanentes. Las califican de costosas, ineficientes y de constituir barreras de acceso entre el usuario y los médicos o los hospitales.

Algunas EPS han presentado insuficiencias e ineficiencias en la red de operaciones y servicio. En ellas se incluyen casos de corrupción y el rechazo de algunos pacientes por no cumplir requisitos financieros o administrativos básicos, obligándolos a acudir a otros centros de atención y a veces a sufrir sucesivos rechazos. En muchos casos, esto ha culminado con el fallecimiento de la persona sin recibir la atención necesaria. A este estado de cosas, la gente lo denomina "el paseo de la muerte". Las personas se mueren a la entrada de los hospitales porque el portero no las deja entrar, o en los pasillos, porque no hay suficientes camas para la atención.

El plan de beneficios, sobre todo el definido hasta el 2009, era confuso e impreciso. Sus limitaciones han llevado a los usuarios a acudir ante los estrados judiciales para demandar la tutela de su derecho a la salud y de acceso a los servicios de salud. Esto causó congestión en estas instancias y obligó a la Corte Constitucional a expedir un fallo, Sentencia T-760 de julio de 2008, conminando al gobierno a solucionar los problemas del sistema.

En un análisis publicado en el 2009, titulado "Diez años de la expansión del aseguramiento en salud en Colombia", financiado por el Banco Interamericano de Desarrollo - BID, los expertos concluyen:

"La composición del financiamiento en Colombia se asemeja actualmente a la de los países integrantes de la Organización para la Cooperación y el Desarrollo Económico (OCDE); el gasto público, que incluye seguridad social, representa más del 80% del gasto total en salud, mientras que la proporción de desembolsos directos es una de las más bajas del mundo. Los resultados ratifican que, gracias a las reformas, los subsidios del gobierno con destino a la salud sean el subsidio público más eficiente del país. Los subsidios también han tenido un importante efecto redistributivo. A pesar de estos importantes logros, el sistema enfrenta grandes desafíos para poder lograr una cobertura universal financieramente sostenible."

"A pesar de los resultados alentadores, queda mucho por hacer y mejorar. Diez años después de la reforma, el 15% de la población aún carece de seguro; los planes de beneficios en el régimen contributivo y en el subsidiado aún difieren. Hay deficiencias en la calidad de la atención y no todos los hospitales públicos se han modernizado. Es preciso fortalecer la función de supervisión; la sostenibilidad financiera del sistema está constantemente en riesgo. Sin embargo, el sistema de salud colombiano experimentó cambios radicales que han redundado en beneficio de la salud de la población del país."

En 2011 el gobierno denuncia fraudes en el Sistema, relacionados con pagos por prestaciones de servicios no cubiertos en el POS y ordenados por fallos judiciales para ser financiados por el Fosyga y la existencia de una red de corrupción alrededor de los recobros de las EPS al Fosyga.

En 2013 el sistema presentó el más grande colapso debido a la corrupción y debido a la negativa de las EPS a prestar servicios reglamentarios. Niegan citas médicas, medicamentos, etc. También niegan el pago a hospitales públicos y privados a pesar de las demandas y tutelas.

El gobierno propuso nueva ley para reglamentar el actual sistema de salud debido al colapso. No obstante, dicha reforma generó rechazo por parte de pacientes y médicos y no fue aprobada en el congreso. El gobierno también presentó un proyecto de Ley de una Ley estatutaria del sector salud. Ésta fue aprobada por el Congreso y declarada constitucional por la Corte Constitucional. Aún así, estás medidas están lejos de resolver la problemática de la salud en

Colombia. Las marchas en las calles para elevar la voz de protesta de los profesionales de la salud y las personas no atendidas, crecen en número e inconformes.

En Colombia se evidencia con facilidad el trasfondo de los sistemas de salud. No están hechos para resolver problemas de salud. Son sistemas no enfocados en los pacientes, sino en los recursos económicos. Por eso en su diseño y rediseño se requieren expertos en economía, y no en salud.

Las personas con el Síndrome Dr. House aumentan cada vez más en Colombia. Ellas le dan el soporte legal al sistema de salud. En su afán de hallar satisfacción psíquica, desafían el supuesto conocimiento experto de médicos y especialistas. A estas personas no les interesada ser aliviados de un enfermedad, sino descubrir hasta dónde puede llegar su capacidad para engañar, fingir, simular. Estás personas por más ineficiencia del sistema, jamás empeorarán, se le recete analgésicos o no, porque su enfermedad no es psicosomática, sino emocional. Pero estas personas son muy importantes para los sistemas de salud. Ellas aportan las cifras significativas para las estadísticas en la rendición de cuentas.

El sistema de salud, como la persona con el Síndrome Dr. House, debe su existencia a la capacidad de engañar. El sistema muestra cifras de saturación de atención, pero si esas cifras fueran de enfermos psicosomáticos, sería imposible ocultar, disimular el engaño. Es fácil atender a personas sin enfermedad. Los enfermos de verdad cada vez más van quedando al margen del sistema de salud, porque no alcanzan a acceder a los servicios de salud. Una persona enferma debe ascender lentamente la escalera de los niveles de atención. Para obtener atención en el nivel tres de complejidad, la persona primero debe pasar por el médico general y éste, si encuentra mérito, la remite a un especialista y éste a otro especialista hasta alcanzar el nivel tres. La escalera es lenta porque cada escalón está congestionado, en la mayoría de los casos con personas no enfermas, con personas del Síndrome Dr. House.

5. La Enfermedad como Camino

En estas consideraciones previas, he visto importante contemplar algunos aspectos sobre la enfermedad. Además de los factores sociales, políticos y económicos, estos aspectos acerca de la enfermedad nos pueden ayudar a entender mejor lo aquí denominado como el Síndrome Dr. House.

La persona con el Síndrome Dr. House se encuentra dentro de un circuito difícil de romper. La persona padece una alteración emocional, la cual identifica erróneamente como si fuera una enfermedad psicosomática. Acude a los sistemas de salud en el convencimiento de hallar una cura para su padecimiento. Allí la alteración emocional no puede ser diagnosticada porque los síntomas son engañosos. El hemisferio derecho de la persona proyecta como somático algo sin serlo. La medicina académica no tiene los métodos necesarios para desvelar los engaños proyectados mediante síntomas psicosomáticos, y descubrir así el artificio de la alteración emocional. Pero si la enfermedad es considerada desde otra óptica distinta a la de la medicina académica, puede ser el comienzo de un camino hacia la curación del malestar emocional disfrazado de malestar físico.

En 1983, el psicólogo austriaco Thorwald Dethlefsen y el médico y psicoterapeuta alemán Rüdiger Dahlke, escribieron el libro "La Enfermedad como Camino". En 1989 publicaron una segunda versión ampliada del libro. En el texto, los autores exponen sus tesis sobre las nuevas medicinas complementarias y la salud holística. Su trabajo está orientado por la premisa de la "salud contagiosa". Con ella se busca el desarrollo psicosomático de las personas, con especial dedicación a los aspectos espirituales vinculados. En el prólogo del libro, plantean lo siguiente:

"Este libro es incómodo porque arrebata al ser humano el recurso de utilizar la enfermedad a modo de coartada para rehuir problemas pendientes. Nos proponemos demostrar que el enfermo no es víctima inocente de errores de la Naturaleza, sino su propio verdugo. Y con esto no nos referimos a la contaminación del medio ambiente, a los males de la civilización, a la vida insalubre ni a 'villanos' similares, sino que pretendemos situar en primer plano el aspecto metafísico de la enfermedad. A esta luz, los síntomas se revelan como manifestaciones físicas de conflictos psíquicos y su mensaje puede descubrir el problema de cada paciente".

Este párrafo pareciera una descripción de lo aquí denominado como el Síndrome Dr. House. El lector reconocerá en este primer párrafo del prólogo del libro un giro de 180 grados en relación con los aspectos considerados antes, en donde el problema de la enfermedad pareciera de índole social, económica o política. A continuación abordo los principales tópicos del libro, porque aportan elementos importantes para la caracterización del Síndrome Dr. House en la era neoliberal. Los conceptos expuestos por los autores, nos ayudan a entender mejor cómo el síndrome de un efecto colateral pasó a ser un objetivo o una meta intencionada de un modelo político y económico.

"Hemos utilizado el tema de la enfermedad como base para muchos temas ideológicos y esotéricos cuyo alcance rebasa el marco de la enfermedad", dicen los autores en otro apartado del prólogo. El libro comienza con el siguiente texto:

"Vivimos en una época en la que la medicina continuamente ofrece al asombrado profano nuevas soluciones, fruto de unas posibilidades que rayan en lo milagroso. Pero, al mismo tiempo, se hacen más audibles las voces de desconfianza hacia esta casi omnipotente medicina moderna. Es cada día mayor el número de los que confían más en los métodos, antiguos o modernos, de la medicina naturista o de la medicina homeopática, que en la archicientífica medicina académica. No faltan los motivos de crítica —efectos secundarios, mutación de los síntomas, falta de humanidad, costes exorbitantes y otros muchos— pero más interesante que los motivos de crítica es la existencia de la crítica en sí, ya que, antes de concretarse racionalmente, la crítica responde a un sentimiento difuso de que algo falla y que el camino emprendido, a pesar de que la acción se desarrolla de forma consecuente, o precisamente a causa de ello, no conduce al objetivo deseado. Esta inquietud es común a muchas personas, entre ellas no pocos médicos jóvenes. De todos modos, la unanimidad se rompe cuando de proponer alternativas se trata. Para unos la solución está en la socialización de la medicina, para otros, en la sustitución de la quimioterapia por remedios naturales y vegetales. Mientras unos ven la solución de todos los problemas en la investigación de las radiaciones telúricas, otros propugnan la homeopatía. Los acupuntores y los investigadores de los focos abogan por desplazar la atención del plano morfológico al plano energético de la fisiología. Si contemplamos en su conjunto todos los esfuerzos y métodos extraacadémicos, observamos, además de una gran receptividad para toda la diversidad de métodos, el afán de considerar al ser humano en su totalidad como ente físico–psíquico. Ya para nadie es un secreto que la medicina académica ha perdido de vista al ser humano. La superespecialización y el análisis son los conceptos fundamentales en los que se basa la investigación, pero estos métodos, al tiempo que proporcionan un conocimiento del detalle más minucioso y preciso, hacen que el todo se diluya".

Pero no solo la medicina ha perdido de vista al ser humano, también el Estado. Los sistemas de salud, bajo el pretendido propósito de brindar un modelo universal de atención en salud, han vuelto a la salud una mercancía, gobernada por el principio de la rentabilidad y no del bienestar humano.

En esencia, el libro está dividido en dos partes. La primera trata de las condiciones teóricas para la comprensión de la enfermedad y la curación. La segunda trata de la enfermedad y su significado.

La primera parte contiene siete capítulos:

Síndrome Dr. House

La primera parte, como su nombre lo dice, está dirigida a desarrollar el marco conceptual para la comprensión de la enfermedad y la curación. Se procede para ello a partir de la teoría lingüística del signo. El signo es entendido por los autores como una relación de forma y contenido. El contenido se manifiesta en la forma, de ello deriva el significado. En este sentido, la enfermedad (el significado) es un estado mental (el contenido) proyectado sobre el cuerpo (la forma). Lo mismo pasa con la curación (el significado) es una verdad mental (el contenido) proyectada sobre el cuerpo (la forma). Es decir, la curación solo ocurre cuando la persona es capaz de enfrentarse al verdadero significado de la enfermad, cuando encara la verdad, el estado mental generador de la enfermedad.

En la segunda parte, los autores aplican el marco conceptual desarrollado en la primera parte para interpretar el significado de las enfermedades. En esencia, la segunda parte es la interpretación del simbolismo oculto detrás de cada enfermedad. Desde este punto de vista, la enfermedad es un determinado modo de conducirse en la vida, un comportamiento dañino para la persona. La conducta dañina de la persona se manifiesta como enfermedad en el cuerpo. Pero esto solo es un simbolismo para llamar la atención de la persona. El simbolismo le muestra el camino a la persona para llegar a la curación. La curación es un efecto de la toma de conciencia de la conducta oculta detrás de la enfermedad y de actuar para contrarrestar su acción dañina. La enfermedad como camino es un método de enseñanza para aprender a reconocer el simbolismo de la enfermedad, en ese sendero de hacernos cada día mejores personas, trascendentes y saludables.

A continuación se ofrecen algunos extractos puntuales del libro, para aportarle una mejor comprensión al lector, sobre los aspectos abordados por los autores.

El significado de los procesos

Los procesos funcionales nunca tienen significado en sí. El significado de un hecho se nos revela por la interpretación atribuida. Por ejemplo, la subida de una columna de mercurio en un tubo de cristal carece de significado hasta cuando interpretamos este hecho como manifestación de un cambio de temperatura. Si las personas dejan de interpretar los hechos del mundo y el curso de su propio destino, su existencia se disipa en la incoherencia y el absurdo. Para interpretar una cosa hace falta un marco de referencia por fuera del plano en donde se manifiesta dicha cosa.

Así como la letra y el número son exponentes de una idea subyacente, todo lo visible, todo lo concreto y funcional es únicamente expresión de una idea y, por lo tanto, intermediario hacia lo invisible. En síntesis se puede llamar a estos dos campos forma y contenido. En la forma se manifiesta el contenido y éste da significado a la forma.

El valor de una pintura no reside en la calidad de la tela y los colores; los componentes materiales del cuadro son portadores y transmisores de una idea, una imagen interior del artista. El lienzo y el color permiten la visualización de lo invisible y son, por lo tanto, expresión física de un contenido metafísico.

Salud y enfermedad

Tanto en medicina como en el lenguaje popular se habla de las más diversas enfermedades. Esta inexactitud verbal indica claramente la universal incomprensión del concepto de enfermedad. La enfermedad es una palabra sin plural. Decir enfermedades es tan tonto como decir saludes. Enfermedad y salud son conceptos singulares. Se refieren a un estado del ser humano y no a órganos o partes del cuerpo, como parece querer indicar el lenguaje habitual. El cuerpo nunca está enfermo ni sano. En él sólo se manifiestan las informaciones de la mente. El cuerpo no hace nada por sí mismo. Para comprobarlo, basta ver un cadáver.

El cuerpo de una persona viva debe su funcionamiento precisamente a estas dos instancias inmateriales llamadas conciencia (alma) y vida (espíritu). La conciencia emite la información. Ésta se manifiesta y se hace visible en el cuerpo. Dado que la conciencia representa una cualidad inmaterial y propia, naturalmente, no es producto del cuerpo ni depende de la existencia de éste.

En el cuerpo de un ser viviente ocurre la expresión de una información o concreción de la imagen correspondiente. Cuando el pulso y el corazón siguen un ritmo determinado, la temperatura corporal mantiene un nivel constante, las glándulas segregan hormonas y en el organismo se forman anticuerpos. Estas funciones no pueden explicarse por la materia en sí, dependen de una información concreta, cuyo punto de partida es la conciencia. Cuando las distintas funciones corporales se conjugan de un modo determinado se produce un modelo armonioso y lo llamamos salud. Si una de las funciones se perturba, la armonía del conjunto se rompe y entonces hablamos de enfermedad.

Enfermedad significa, pues, la pérdida de una armonía o, también, el trastorno de un orden hasta ahora equilibrado. Ahora bien, la pérdida de armonía se produce en la conciencia, en el plano de la información, y en el cuerpo sólo se muestra. Por consiguiente, el cuerpo es vehículo de la manifestación o realización de todos los procesos y cambios producidos en la conciencia.

Síntoma

Síntomas hay muchos, pero todos son expresión de un único e invariable proceso llamado enfermedad. Se produce siempre en la conciencia de una persona. Sin la conciencia, el cuerpo no puede vivir ni puede enfermar. Los autores aclaran como ellos no suscriben la habitual división de las enfermedades en somáticas, psicosomáticas, psíquicas y espirituales. Esta clasificación sirve más para impedir la comprensión de la enfermedad.

Un síntoma reclama atención. Esta interrupción produce una molestia y desde ese momento el objetivo es: eliminar la molestia. El ser humano no quiere ser molestado. Empieza la lucha contra el síntoma. La lucha exige atención y dedicación.

Desde los tiempos de Hipócrates, la medicina académica ha tratado de convencer a los enfermos de una idea errónea sobre el síntoma. Desde este punto de vista, un síntoma es un hecho más o menos fortuito cuya causa debe buscarse en los procesos funcionales investigados. Con ello, la señal pierde su auténtica función. Los síntomas se convierten en señales incomprensibles.

Enfermedad y curación son conceptos exclusivos de la conciencia. No pueden aplicarse al cuerpo. Un cuerpo no está enfermo ni sano.

La sombra

Cada identificación basada en una decisión descarta un polo. Todo cuanto no queremos ser, no queremos admitir en nuestra identidad, forma nuestro negativo, nuestra "sombra". El repudio de la mitad de las posibilidades no las hace desaparecer, sólo las destierra de la identificación o de la conciencia.

Llamamos sombra, en la acepción dada a la palabra por Jung, a la suma de todas las facetas de la realidad no reconocidas por el individuo en sí y por eso las descarta. La sombra es el mayor enemigo del ser humano: la tiene y no lo sabe. No la conoce. Por la sombra, todos los propósitos y los afanes del ser humano le reportan lo contrario de lo perseguido por él. El ser humano proyecta en un mal anónimo, existente en el mundo, todas las manifestaciones salidas de su sombra. Tiene miedo de encontrar en sí mismo la verdadera fuente de toda desgracia. Todo lo rechazado por el ser humano pasa a su sombra. Ésta es la suma de todo cuanto él no quiere.

La negativa a afrontar y asumir una parte de la realidad no conduce al éxito deseado. Por el contrario, el ser humano debe ocuparse muy especialmente de los aspectos de la realidad rechazada por él. Esto suele suceder a través de la proyección. Cuando uno rechaza en su interior un principio determinado y luego uno se lo encuentra en el mundo exterior, se desencadenará en uno una reacción de angustia y repudio.

La Ley de la Resonancia

La ley de la resonancia dice, nosotros sólo podemos conectar con algo si estamos en resonancia con ese algo.

Proyección significa fabricar un exterior con la mitad de todos los principios, pues no los queremos en nuestro interior. El Yo es responsable de la separación del individuo de la suma de todo el Ser. El Yo determina un Tú, considerado como lo externo. Ahora bien, si la sombra está formada por todos los principios no asumidos por el Yo, la sombra y el exterior son idénticos. Sentimos nuestra sombra como un exterior, porque si la viéramos en nosotros ya no sería la sombra. Nosotros insistimos en borrar del mundo los aspectos valorados negativamente.

Esto entraña una irónica ley. Nadie puede sustraerse a ella: el ser humano ocupa la mayor parte de su tiempo en lo rechazado. Y de este modo se acerca al principio rechazado hasta llegar a vivirlo. Según esta ley, los niños siempre acaban por adquirir las formas de comportamiento odiadas en sus padres, los pacifistas se hacen militantes, los moralistas se vuelven disolutos, los apóstoles de la salud se tornan enfermos graves.

La sombra produce la enfermedad, y el encararse con la sombra cura. Ésta es la clave para la comprensión de la enfermedad y la curación. Un síntoma siempre es una parte de sombra introducida en la materia. Por el síntoma se manifiesta la carencia del ser humano. Por el síntoma el ser humano experimenta lo no experimentado conscientemente. El síntoma, valiéndose del cuerpo, reintegra la plenitud al ser humano.

En realidad, el síntoma indica qué le "falta" al paciente, porque el síntoma es el principio ausente, vuelto material y visible en el cuerpo.

Simulación

La sombra vuelve simulador al ser humano. La persona siempre cree ser sólo aquello con cuanto se identifica o ser sólo tal como ella se ve. A esta autovaloración la llaman los autores simulación. Con este término designan la simulación frente a uno mismo, no las mentiras o falsedades contadas a los demás. Todos los engaños de este mundo son insignificantes comparados con los del ser humano para consigo mismo durante toda su vida. La sinceridad para con uno mismo es una de las más duras exigencias hacia el hombre.

En el síntoma de la enfermedad tenemos claro y palpable todo cuanto nuestra mente trataba de desterrar y esconder.

La mayoría de la gente tiene dificultades para hablar de sus problemas más íntimos de forma franca y espontánea, en los pocos casos cuando logran conocerlos. Los síntomas, por el contrario, los explican con todo detalle a la menor ocasión.

La infección

La infección representa una de las causas más frecuentes de los procesos de enfermedad en el cuerpo humano. La mayoría de los síntomas agudos son inflamaciones, desde el resfriado hasta el cólera y la viruela, pasando por la tuberculosis.

El carácter no se hereda ni es configurado por el entorno, es "aportado": es expresión de la conciencia, es lo encarnado.

Sintomáticamente, la enfermedad crónica se manifiesta en un aumento del número de linfocitos y granulocitos, anticuerpos, mayor velocidad de sedimentación de la sangre y décimas de fiebre. La situación no ha podido quedar despejada, en el cuerpo se ha formado un foco. Consume energía, hurtándola al resto del organismo: el paciente se siente abatido, cansado, apático. No está ni enfermo ni sano, ni en guerra ni en paz, sino en una especie de compromiso. Como todos los compromisos del mundo, apesta.

En lo psíquico, el compromiso representa el conflicto permanente. Uno permanece inactivo ante el conflicto, sin valor ni energía para tomar una decisión. Cada decisión supone un sacrificio —en cada caso, sólo podemos hacer o una cosa o la otra— y estos sacrificios necesarios generan ansiedad.

Toda decisión libera. El conflicto crónico consume energía constantemente, provocando en el plano psíquico la consabida abulia, pasividad o resignación. Ahora bien, cuando nos decantamos por uno de los polos del conflicto, inmediatamente percibimos la energía liberada por nuestra elección. Como el cuerpo sale fortalecido de cada infección, así también la mente sale de cada conflicto más despejada. Al afrontar el problema ha aprendido algo, al enfrentarse con los polos opuestos uno tras otro, ha ampliado fronteras y se ha hecho más consciente. De cada conflicto extraemos información, toma de conciencia. Análogamente a la inmunidad específica, permite al individuo, en adelante, tratar el problema sin peligro.

Antibióticos

La lucha contra las infecciones es la lucha contra los conflictos, pero en el orden material. Honesto es, por lo menos, el nombre dado a las armas: antibióticos. Esta palabra se compone de dos voces griegas, anti = contra y bios = vida. Los antibióticos son, pues "sustancias dirigidas contra la vida". ¡Esto es sinceridad!

Pero también en el sentido puramente médico los antibióticos son hostiles a la vida. Las inflamaciones representan unos procesos resolutivos agudos y rápidos. Por medio de la superación, eliminan toxinas del cuerpo. Si estos procesos resolutivos se cortan con frecuencia por medio de antibióticos, las toxinas se almacenan en el cuerpo, en los tejidos conjuntivos. Se determina, así, el incremento de posibilidades para el proceso canceroso. Los antibióticos son sustancias extrañas no elaboradas por el individuo con su propio esfuerzo y le escamotean los frutos de su enfermedad: la información proporcionada por el enfrentamiento.

Estas consideraciones no deben interpretarse como consignas. No se trata de "vacunarse o no vacunarse" ni de "prescindir de los antibióticos". A fin de cuentas, es completamente indiferente qué haga el individuo, siempre y cuando sepa qué hace. Se debe buscar el conocimiento, no unos mandamientos o prohibiciones prefabricados.

El dolor

Cuando nos golpeamos el dedo con un martillo, decimos: me duele el dedo. Pero ello no es exacto, el dolor está sólo en la mente, no en el dedo. Sólo proyectamos la sensación psíquica de "dolor" al dedo.

Si una persona está enferma de amor, proyecta sus sensaciones sobre algo incorpóreo, es decir, el amor, y quien tiene anginas las proyecta en la garganta, pero uno y otro sólo se pueden sufrir en la mente. La materia y también el cuerpo sólo pueden servir de superficie de proyección, pero en sí nunca es el lugar en donde surge un problema y tampoco es el lugar en donde pueda resolverse. Cada proceso patológico corporal representa únicamente el desarrollo simbólico de un problema cuya experiencia enriquecerá la conciencia. Ésta es también la razón por la cual cada enfermedad supone una fase de maduración. La persona propensa a las inflamaciones trata de rehuir los conflictos, ese es el significado del síntoma. La curación ocurre cuando la persona enfrenta sus conflictos.

Polos opuestos

Defender equivale a rechazar. El polo opuesto de rechazar es amar. Se ha definido el amor desde multitud de ángulos y en los planos más diversos, pero cada forma de amor puede reducirse al acto de dar acogida. En el amor, el ser humano abre barreras y deja entrar algo por fuera de ellas. A estas barreras las solemos llamar Yo (ego) y todo aquello por fuera de la propia identificación es para nosotros Tú (el otro). En el amor, esta barrera se abre para admitir a un Tú. Con la unión, se convertirá en Yo. Allí donde ponemos una barrera rechazamos y donde quitamos la barrera amamos.

Esta primera parte conceptual del libro nos ayuda a comprender mejor la génesis del Síndrome Dr. House en la era neoliberal. El concepto de sombra muestra porque es casi imposible curar el síndrome. La persona se cierra a toda posibilidad de reconocer lo rechazado por ella. El amor y la felicidad son distracciones de la racionalidad médica, llega a afirmar House en la séptima temporada. En el síndrome también es importante el concepto de proyección. El hemisferio izquierdo logra engañar al hemisferio izquierdo, proyectando sobre el cuerpo no un estado mental, sino un estado emocional. El problema de enfrentar el Síndrome Dr. House, desde esta perspectiva de la enfermedad como camino, radica en la imposibilidad de encarar el estado mental, porque el estado emocional no pasa por la racionalidad del hemisferio izquierdo. El hemisferio derecho lo proyecta directamente sobre el cuerpo, pero el hemisferio izquierdo cree haber participado en ello y desde su racionalidad, interpreta el síntoma como la proyección de un estado mental.

El diagnóstico solo es posible desde la racionalidad del hemisferio izquierdo. Éste nunca podrá acertar en el diagnóstico del Síndrome Dr. House porque siempre recae en el estado mental devuelto por la proyección engañosa sobre el cuerpo. El estado emocional permanece oculto por más racionalidad aplicada al diagnóstico. Desde el punto de vista del hemisferio izquierdo, el diagnóstico es acertado, pero no se corresponde con la realidad de la verdadera dolencia de la persona. El diagnóstico es acertado pero no puede curar el verdadero malestar porque el hemisferio derecho del cerebro se ha burlado de todos y ha hecho el truco de magia perfecto: desaparecer el conejo a la vista de todos.

La enfermedad como camino, entonces, puede ser un componente necesario, más no suficiente, para curar el Síndrome Dr. House. Se requiere adicionalmente una actuación bioquímica sobre la persona para disolver la disociación de los hemisferios del cerebro. Mientras esta disociación no se elimine, el hemisferio derecho siempre se burlará de la racionalidad del hemisferio izquierdo.

Después de desarrollar los conceptos fundamentales para comprender la tesis desarrollada por los autores sobre la enfermedad, se pasa a considerar los diferentes síntomas de la enfermedad y el significado de ellos en el camino de tomar consciencia de uno mismo. A continuación se ofrecen algunos extractos de los simbolismos considerados.

Alergia

Es una reacción exagerada a una sustancia nociva. Desde luego, la actuación del sistema de defensas del organismo está justificada cuando se trata de supervivencia. El sistema inmunizador del cuerpo produce anticuerpos para combatir los antígenos. Proporciona una defensa contra invasores hostiles, lo cual, fisiológicamente, es irreprochable. En los alérgicos, esta defensa, en sí encomiable, se desorbita. El alérgico construye un gran parapeto y constantemente alarga la lista de sus enemigos. Cada vez son más numerosas las sustancias consideradas nocivas y, por lo tanto, se debe fabricar más armas para mantener a raya a tantísimo enemigo.

Un antígeno es una sustancia extraña, generalmente una proteína, capaz de estimular el sistema inmunizador.

Alergeno es el antígeno de una reacción alérgica.

La respiración es un acto rítmico. Se compone de dos fases, inhalación y exhalación. La respiración es un buen ejemplo de la ley de la polaridad: los dos polos, inspiración y espiración, forman, con su constante alternancia, un ritmo.

Esta relación de inspiración – contracción y espiración – relajación se muestra claramente cuando suspiramos. Hay un suspiro de inspiración, provoca contracción, y un suspiro de espiración, provoca relajación.

Así el hombre quiera aislarse, la respiración lo une con todo y con todos. El aire respirado nos une a unos con otros, nos guste o no.

Asma

El asma y la erupción cutánea corresponden al mismo tema: contacto, roce, relación. La resistencia a establecer contacto con todo el mundo por medio de la respiración se manifiesta, por ejemplo, en el espasmo respiratorio del asma.

En resumen, la respiración simboliza los siguientes temas: ritmo, en el sentido de aceptar "tanto lo uno como lo otro."

El asmático trata de tomar demasiado. Inspira profundamente y provoca una excesiva dilatación de los pulmones y un espasmo respiratorio. Uno toma llenándose hasta rebosar y, cuando debe dar, llega el espasmo.

El asma suele estar íntimamente ligada a una alergia. El asmático se sirve de sus síntomas para ejercer el poder sobre su entorno. Los animales domésticos han de ser eliminados, no puede haber ni una mota de polvo, prohibido fumar, etc.

La persona asmática ama lo limpio, lo puro, lo transparente y estéril. Evita lo oscuro, profundo y terrenal, lo cual suele expresarse claramente en la elección de los alergenos. Él desea instalarse en el ámbito superior, para no entrar en contacto con el polo inferior. Por lo tanto, suele ser una persona cerebral, la doctrina de los elementos atribuye el aire al pensamiento. La sexualidad, correspondiente al polo inferior, la desplaza el asmático hacia arriba, al pecho, estimulando con ello la producción de mucosidad, proceso reservado a los órganos sexuales. El asmático expulsa esta mucosidad, producida demasiado arriba, por la boca, solución cuya originalidad apreciará quien vea la correspondencia existente entre los genitales y la boca

El asmático anhela el aire puro. Le gustaría vivir en la cima de una montaña. Allí se satisface también su afán de dominio: arriba, contemplando desde la cumbre el turbio acontecer del valle sombrío, a distancia segura, elevado en la esfera donde "el aire todavía es puro", situado por encima de las tierras bajas, con sus impulsos y su fecundidad: arriba, en lo alto de la montaña, donde la vida tiene una pureza mineral. Aquí realiza el asmático el ansiado vuelo a las alturas, por obra y gracia de laboriosos climatólogos. Otro lugar recomendado por sus efectos terapéuticos es el mar, con su aire salobre. Y el mismo simbolismo: sal, símbolo del desierto, símbolo de lo mineral, símbolo de la esterilidad. Es el entorno ansiado por el asmático, porque de lo vital tiene miedo.

El asmático es un individuo con sed de amor: quiere amor y por eso inspira tan profundamente. Pero no puede dar amor: tiene dificultad en la espiración.

No olvidar: cuando se deja sentir la contracción, ¡es miedo! El único remedio contra el miedo es la expansión. ¡La expansión se consigue dejando entrar lo que se evitaba!

Resfriado

Un resfriado siempre se produce en situaciones críticas, cuando uno está hasta las narices o se le hinchan las narices. La nariz está tapada y hace imposible toda comunicación, la respiración es contacto, no se olvide. Con la amenaza: "No te acerques, estoy resfriado", se saca uno a la gente de delante.

Nosotros tratamos de expulsar una porción de estos problemas en forma de mucosidad purulenta, y cuanta más expulsamos más alivio sentimos. La abundante mucosidad, al principio obstruyendo todo y congestionando las vías de comunicación, debe diluirse a fin de empezar a mover algo y a fluir. Por lo tanto, cada resfriado hace a algo volver a moverse y marca un pequeño avance en nuestra evolución.

Digestión

Con la digestión ocurre algo muy parecido a lo de la respiración. Con la respiración tomamos entorno, lo asimilamos y expulsamos lo no asimilable. Otro tanto ocurre durante la digestión, si bien el proceso digestivo se hunde más profundamente en la materia del cuerpo. La respiración está regida por el elemento aire, mientras la digestión pertenece al elemento tierra, es más material. Pero a la digestión le falta el ritmo perfectamente marcado de la respiración.

Hígado

La capacidad del hígado para desintoxicar presupone la facultad de diferenciación y valoración, porque quien no puede diferenciar lo tóxico de lo no tóxico, no puede desintoxicar. Los trastornos y afecciones del hígado, por lo tanto, denotan problemas de valoración, es decir, señalan una clasificación errónea de lo beneficioso y lo perjudicial (¿alimento o veneno?).

El hígado es el proveedor de energía. El enfermo del hígado pierde esta energía y vitalidad: pierde su potencia, pierde el apetito. Pierde el ánimo para todo aquello relacionado con las manifestaciones vitales, y así el mismo síntoma corrige y compensa el problema, creado por el exceso.

Por otra parte, el hígado tiene una marcada relación simbólica con el terreno filosófico y religioso, afinidad quizá difícil de apreciar para muchos. Recordemos la síntesis de la albúmina. La albúmina es la piedra angular de la vida. Se compone de aminoácidos. El hígado produce la albúmina humana, a partir de la albúmina animal y vegetal contenida en la alimentación, cambiando el orden de los aminoácidos (esquema).

Accidentes

Los accidentes, aunque parezca increíble, también son una proyección de la mente (el contenido) sobre el cuerpo (la forma), según los autores del libro. Los accidentes no se deben a factores externos a la persona, sino a factores internos. Los accidentes también son un símbolo en ese camino de conocernos hacia la trascendencia. El accidente es solo un mensaje para la persona, sobre un problema ignorado, no resuelto. La persona se miente a sí misma sobre ese problema y la única solución es sincerarse, decir la verdad. A continuación se ofrecen al lector unos extractos sobre el tema.

Muchas personas se sorprenden cuando se cataloga los accidentes como cualquier otra enfermedad. Los accidentes, piensan, son algo completamente distinto: al fin y al cabo, vienen de fuera, uno no puede tener la culpa. Esta argumentación denota la confusión de nuestro pensamiento en general, y en qué medida nuestra manera de pensar y nuestras teorías se amoldan a nuestros deseos inconscientes. A todos nos resulta extraordinariamente desagradable asumir la plena responsabilidad de nuestra existencia y de todo cuanto nos ocurre. Constantemente buscamos la manera de proyectar la culpa hacia el exterior. Y nos irrita cuando se nos desenmascaran estas proyecciones. La mayoría de los esfuerzos científicos están dirigidos a consolidar y legalizar con teorías estas proyecciones. "Humanamente" hablando, ello es perfectamente comprensible. Pero este libro ha sido escrito para personas quienes buscan la verdad. Lo saben muy bien, este objetivo sólo puede alcanzarse por la vía de la sinceridad con uno mismo, no podemos pasar por alto cobardemente un tema como el de los "accidentes".

Lo debemos comprender, siempre hay algo, en apariencia venido de fuera, interpretado como causa. Ahora bien, esta interpretación causal no es sino una posibilidad de ver las cosas y en este libro nos hemos propuesto sustituir o completar esta visión habitual. Cuando nos miramos al espejo, nuestro reflejo, en apariencia, también nos mira desde fuera y, no obstante, no es la causa de nuestro aspecto. En el resfriado, son miasmas venidos de fuera y en ellos vemos la causa. En el accidente de circulación es el automovilista borracho, quien nos ha arrebatado la preferencia de paso, la causa del accidente. En el plano funcional siempre hay una explicación. Pero ello no nos impide interpretar lo sucedido con una óptica trascendente.

La ley de la resonancia lo determina bien. Nosotros nunca podemos entrar en contacto con algo ajeno a nosotros. Las relaciones funcionales son el medio material necesario para producir una manifestación en el plano corporal. Para pintar un cuadro necesitamos un lienzo y colores; pero ellos no son la causa del cuadro sino únicamente los medios materiales con ayuda de los cuales el pintor plasma su cuadro interior. Sería una tontería refutar el mensaje del cuadro, atribuyendo al color, al lienzo y los pinceles sus causas verdaderas.

Nosotros no buscamos los accidentes. Del mismo modo, no buscamos las "enfermedades" y nada nos hace desistir de utilizar cualquier cosa como "causa". Sin embargo, de todo cuanto nos pasa en la vida, los responsables somos nosotros. No hay excepciones, se debe dejar de buscarlas. Cuando una persona sufre, sufre sólo a sus propias manos. Ello no presupone una ausencia de sufrimiento. Cada quien es agente y paciente en una sola persona. Mientras el ser humano no descubra en sí a ambos, no estará sano. La intensidad usada por las personas para culpar al "agente externo", revela en qué medida se desconocen. Les falta esa visión para ver la unidad de las cosas.

La idea de los accidentes provocados inconscientemente no es nueva. Freud, en su Psicopatología de la Vida Cotidiana, además de fallos como defectos de pronunciación, olvidos, extravío de objetos, etc., cita también los accidentes como fruto de un propósito inconsciente. Posteriormente, la investigación psicosomática ha demostrado estadísticamente la existencia de la llamada "propensión al accidente". Se trata de una personalidad inclinada a afrontar sus conflictos en forma de accidente. Ya en 1926 el psicólogo alemán K. Marbe, en su Psicología práctica de los accidentes y siniestros industriales, observa cómo el individuo quien ya ha sufrido un accidente, tiene más probabilidades de sufrir otros accidentes.

En nuestro examen nos interesa no tanto la descripción de una determinada personalidad propensa al accidente, sino ante todo el significado de un accidente en nuestra vida. Aunque una persona no posea una personalidad propensa al accidente, éste siempre tiene un mensaje para ella, y deseamos aprender a descifrarlo. Si en la vida de un individuo abundan los accidentes, ello sólo quiere decir una cosa: esta persona no ha resuelto conscientemente sus problemas y, por lo tanto, está escalando las etapas del aprendizaje forzoso. Un accidente cuestiona violentamente una manera de actuar o el camino emprendido por una persona. Es una pausa en la vida, solicitando ser investigada. Para ello se debe contemplar todo el proceso del accidente como una obra teatral y tratar de comprender la estructura exacta de la acción y referirla a la propia situación. Un accidente es la caricatura de la propia problemática, y es tan certero y tan doloroso como toda caricatura.

Quien sea sincero consigo mismo, después del suceso puede comprobar, en el fondo, cuánto tiempo llevaba insatisfecho de su camino y deseaba abandonarlo, pero le faltaba el valor. A una persona, en realidad, sólo le ocurre aquello querido por ella. Las soluciones inconscientes son eficaces, desde luego, pero tienen el inconveniente de no resolver el problema del todo. Ello se debe a un principio básico, un problema sólo puede resolverse con una decisión deliberada. La solución inconsciente representa siempre sólo una realización material, no una resolución. La realización puede dar un impulso, puede informar, pero no resolver totalmente el problema.

El problema para la persona con el Síndrome Dr. House, es su imposibilidad de sincerarse consigo misma, porque no sabe a ciencia cierta qué debe reconocer. Ella puede encararse con el supuesto estado mental desde donde se proyecta el malestar al cuerpo y llegar a creer en la curación, pero la dolencia continúa inexplicablemente. La persona ha sido sincera en todo el sentido del término, pero su sinceridad no está recayendo sobre el verdadero malestar, porque el hemisferio derecho lo oculta a su racionalidad y su capacidad de sincerarse consigo misma. Mientras los hemisferios cerebrales permanezcan disociados, la persona no podrá ni siquiera ser sincera consigo misma. Ya no se trata de no querer ser sincera, sino de la imposibilidad de serlo.

El Síndrome Dr. House no se puede confundir con la hipocondría. En ésta, la persona cree estar enferma y proyecta sobre el cuerpo esta creencia como si fuera una enfermedad psicosomática. En el síndrome en cambio, la dolencia existe, pero no como proyección de un estado mental (la enfermedad psicosomática), sino como proyección de un estado emocional.

6. Intoxicación (Moksha)

Uno de los síntomas del Síndrome Dr. House es la adicción a fármacos. Quizá el mejor marco de referencia para entender el proceso de la adicción proviene de la literatura. Se podría haber tomado a autores como Carlos Castañeda y sus "Enseñanzas de Don Juan" o a Antonin Artaud y su "Viaje al País de los Tarahumaras". Pero se optó finalmente por Aldous Leonard Huxley. Su aproximación a las drogas alucinógenas puede aportar un mejor marco de referencia para estudiar este síntoma en la era neoliberal.

Aldous Leonard Huxley nació el 26 de julio de 1894 en Godalming, Surrey, Inglaterra y murió el 22 de noviembre de 1963 en Los Ángeles, California, Estados Unidos. El escritor británico emigró a los Estados Unidos. Miembro de una reconocida familia de intelectuales, es conocido por sus novelas y ensayos. Publicó también relatos cortos, poesías, libros de viajes y guiones. A través de sus novelas y ensayos, ejerció como crítico de los roles, convenciones, normas e ideales sociales. Se interesó, asimismo, por los temas espirituales, como la parapsicología y el misticismo, acerca de las cuales escribió varios libros. Se le considera uno de los más importantes representantes del pensamiento moderno.

Puertas de la Percepción

Su obra "Las Puertas de la Percepción" (The doors of perception) es un ensayo escrito en 1954. En 1956 publicó como ensayo complementario "Cielo e Infierno", y en 1977 salió a la luz "Moksha", un compendio de sus obras acerca de las drogas alucinógenas.

En "Las Puertas de la Percepción" de 1954 describe sus experiencias alucinógenas producto de la ingestión de mezcalina. El título proviene de una cita de William Blake contenida en su obra "El Matrimonio del Cielo y el Infierno":

"Si las puertas de la percepción se purificaran todo se le aparecería al hombre como es, infinito."

Basado en esta cita, Huxley asume el cerebro humano como un filtro de la realidad para no dejar pasar todas las impresiones e imágenes, por la insuficiencia de recursos para procesarlas. De acuerdo con esta visión, las drogas pueden reducir este filtro, o abrir estas puertas de la percepción, como él lo expresa metafóricamente.

Para verificar esta teoría, Huxley toma mezcalina y escribe sus pensamientos y sentimientos. Nota como los objetos cotidianos pierden su funcionalidad y de repente existen "como tales". Espacio y tiempo se vuelven irrelevantes y la percepción parece hacerse mayor, sobrecogedora y a veces hasta ofensiva porque el individuo es incapaz de hacer frente a la enorme cantidad de impresiones.

Experiencia psicodélica

La idea de sus experimentos comenzó en 1953 al leer un artículo sobre el empleo de la mezcalina en el tratamiento de la esquizofrenia. Llevado por su interés, conoce a uno de sus autores, el doctor Humphry Osmond. Establece una importante amistad con él. En la primavera de 1953, bajo la supervisión del doctor Osmond y de su mujer, decide experimentar por sí mismo con esta sustancia e ingiere cuatro decigramos. Describe esta primera experiencia con una sustancia psicodélica en "Las puertas de la percepción". En él explica paso a paso las impresiones de aquel día.

Su escritura está llena de imágenes psicodélicas. Las cosas cotidianas pierden sus formas y sus cualidades físicas para volverse algo distinto, lleno de colores intensos y formas sugestivas. Un mueble deja de ser un mueble para volverse coloridos listones paralelos. Dan existencia a un nuevo objeto en la percepción del observador intoxicado

Entre los años 1953 y 1963 experimentó una docena de veces con sustancias psicodélicas (mezcalina, LSD y psilocibina). Su interés era de índole intelectual. En 1956 publica un segundo libro sobre este tema, "Cielo e Infierno" (Heaven and Hell), donde ofrece una amplia panorámica de la ciencia, el arte y la religión a base de pequeños esbozos.

Huxley continúa su análisis sobre los cambios objetivos inducidos por la ingesta de drogas. Logra ir más allá de una conclusión basada en revelaciones o visiones celestiales o infernales. Verifica la identidad última existente entre el universo y la mente humana, entre macrocosmos y microcosmos. Tras retirarse el velo de la aparente realidad cotidiana, se accede a la Unidad de lo Absoluto. Tan solo se debe retirar el filtro provocado por los órganos de los sentidos, por la limitación generada a través de nuestro sistema nervioso, y así acceder a la Unidad de lo Infinito.

Moksha

De esta exploración resulta su obra "Moksha". Es un compendio recopilatorio. Incluye todos sus escritos sobre temas psicodélicos y experiencias visionarias de 1931 a 1963, tal y como figura en el subtítulo de la obra, publicada póstumamente en 1977 y considerada todo un clásico en la materia. Por etimología, Moksha es la denominación dada por el hinduismo a la liberación del ser humano cuando rompe las ataduras del Karma.

En las obras sobre esta temática, el autor desarrollaría su interés en escribir y dar a conocer la capacidad de las sustancias alucinógenas para despertar lo sagrado en lo humano, dentro de un contexto claramente opuesto al misticismo y desde una civilización obsesionada y atrapada en el culto al consumismo, la evolución tecnológica y las relaciones materialistas, tendientes a la cosificación. Es un uso intelectual, y no recreativo, de los alucinógenos. Ello le permite sentar las bases para alertar sobre los riesgos de una sociedad excesivamente sofisticada, de un incremento tecnológico en detrimento de la capacidad ética del individuo y de la desatención en el descontrol demográfico.

En el Síndrome Dr. House, el uso de sustancias adictivas y fármacos no es con fines intelectuales. Su uso está dirigido a lograr mayores niveles de manipulación, como se verá más adelante. La persona con el síndrome acude a fármacos para paliar su malestar emocional. Su malestar no le permite ser feliz, ser una persona satisfecha. El bienestar se alcanza a tramos efímeros por golpes sedantes sobre los centros receptores del dolor. Los analgésicos duermen el sistema nervioso y la persona experimenta un bienestar pasajero. El bienestar desaparece cuando culmina el efecto del analgésico sobre el organismo.

Luis Carlos Molina Acevedo

7. La Industria Farmacéutica

La industria farmacéutica es quizá el principal acontecimiento para explicar el Síndrome Dr. House en la era neoliberal. Ella aporta los elementos para operar a voluntad el factor bioquímico propio de la disociación entre hemisferios cerebrales. Ya no se requiere disminuir los niveles nutricionales en la alimentación de las personas, como efecto de situaciones críticas en el ambiente. Ahora parecen existir los elementos bioquímicos específicos y precisos para operar la disociación de los hemisferios cerebrales.

La industria farmacéutica llegó a constituirse como tal, debido a los descubrimientos hechos desde diferentes ramas de las ciencias. Esta industria se volvió posible cuando se descubrieron los medicamentos sintéticos. Con ellos se pudo atacar el dolor, el síntoma más molesto de la enfermedad. El ser humano pudo entrar en una zona de confort, a pesar de la enfermedad. No sentir el dolor de la enfermedad, era como no tener la enfermedad. Esta comodidad llevó a todo el mundo a olvidarse de la necesidad de curar la enfermedad. Desde entonces la meta fue aliviar el dolor y esto representó el gran negocio jamás sospechado. La medicina se dejó contagiar de esta gran euforia y también se olvidó de sus raíces: curar las enfermedades. En adelante se dedicó a paliar el dolor y a hacerle el juego al nuevo negocio altamente lucrativo. Las personas se olvidaron de ser responsables de su propia salud y depositaron la responsabilidad en los sistemas de salud.

Se pueden identificar cuatro grandes revoluciones de la industria farmacéutica:

1. Los analgésicos

2. Los fármacos contra infecciones

3. Los antibióticos

4. Los Quirales

Analgésicos

Los analgésicos fueron los primeros promotores de la adicción legal. Las personas se volvieron cada vez más adictas a los analgésicos en su afán de desterrar el dolor de sus cuerpos. El mecanismo psicológico detrás de la adicción a los analgésicos es el mismo de la adicción a los psicotrópicos: experimentar la sensación transitoria de bienestar. La diferencia, la primera es legal y la segunda ilegal. La enfermedad perdió su canal de comunicación con las personas. El dolor como síntoma fue borrado de toda la semiología médica y las personas se volvieron enfermos conformes. Se habían liberado de la incomodidad del dolor. Ya no debían tomar decisiones deliberadas para superar los problemas psicosomáticos. Los analgésicos permitían ocultar los síntomas. Sin síntoma, no había enfermedad. Pero esto fue el mayor autoengaño de la historia. Ocultar el síntoma no era curar la enfermedad. Ella seguía su curso, agrandando cada día el problema de la persona incomunicada con su organismo, con su mente.

Fármacos contra la infección

Después de los medicamentos sintéticos, vinieron los fármacos anti-infecciosos. Está fue la segunda gran revolución de la industria farmacéutica y la medicina académica terminó siendo la esclava de la farmacopea. Las infecciones tienen como objetivo biológico fortalecer a los organismos para volverlos más resistentes a las amenazas externas. El organismo desarrolla naturalmente mecanismos para defenderse de las infecciones. Pero como este es un proceso lento, era bastante molesto para el enfermo. Por eso el descubrimiento de los nuevos fármacos se volvió toda una sensación. Se podía acortar el tiempo de la infección. No importaba si con ello se debilitaba al organismo. Lo importante era no dejarse sacar de la zona de confort ofrecida por la industria farmacéutica.

Antibióticos

La tercera gran revolución se dio con los antibióticos. Estos ayudaron a acortar mucho más el tiempo de las infecciones. El síntoma de la infección se podía hacer desaparecer al instante y con él las incomodidades de la enfermedad, más no la enfermedad. Lo paradójico de este avance está representado por la facilidad con la cual las personas aceptaron tornar su malestar en otro malestar. Los antibióticos atacaban la vida. Los efectos colaterales ya no eran solo de adicción y de químicos residuales en el organismo. Los antibióticos dañaban elementos vitales de las personas.

Quirales

Y la cuarta gran revolución de la industria farmacéutica llegó con el descubrimiento de los Quirales. Producir medicamentos, se volvió más fácil desde entonces. Sólo era cuestión de cambiar la posición tridimensional del quiral en la estructura química de las moléculas para obtener nuevos productos más específicos y especializados. Los síntomas ahora se podían barrer con más eficacia, más no las enfermedades. Parece haber un consenso general para olvidarse del proceso natural de la enfermedad como instrumento biológico para renovar y fortalecer los organismos. La medicina de olvidó de curar enfermedades y se dedicó a barrer síntomas y a hacer cada vez más rica a la industria farmacéutica.

El desarrollo histórico de la industria farmacéutica se puede abordar desde los siguientes siete aspectos:

a. Medicamentos sintéticos

b. Fármacos anti-infecciosos

c. Sulfamidas y antibióticos

d. El gran negocio

e. La financiación

f. Los quirales

g. Críticas

Pasar revista a la historia de la industria farmacéutica nos dará el marco de referencia para entender por qué las personas con el Síndrome Dr. House persisten en consumir fármacos, sin importar los niveles de intoxicación en su organismo. Pero más allá, por qué el Síndrome Dr. House se manifiesta en una época donde no existen las condiciones ambientales para su génesis como un efecto colateral. Por qué en la era neoliberal, el Síndrome Dr. House pareciera tener una génesis intencionada. El síndrome parece extenderse a un mayor número de personas como si fuera operado por personas con ocultos intereses.

La industria farmacéutica surgió a partir de una serie de actividades diversas relacionadas con la obtención de sustancias utilizadas en medicina, cuyo pionero fue Galeno. Pueden tenerse como precursoras de la fabricación a escala industrial de medicamentos, las actividades de Carlos II "El Hechizado", en la España del siglo XVII. Experimentaba en el laboratorio de alquimia construido por Felipe II junto al monasterio de El Escorial, con la idea de obtener oro para financiar sus campañas político-militares.

A principios del siglo XIX, los boticarios, químicos o los propietarios de herbolarios obtenían partes secas de diversas plantas. Éstas últimas se compraban a los especieros. Importaban especias, pero como negocio secundario comerciaban con productos para fines medicinales, entre ellos el opio de Persia o la ipecacuana de Suramérica. Los boticarios y químicos fabricaban diversos preparados con estas sustancias, como extractos, tinturas, mezclas, lociones, pomadas o píldoras.

Algunas medicinas, como las preparadas a partir de la quina, de la belladona, de la digitalina, del centeno cornudo (Claviceps purpurea) o del opio (látex seco de la adormidera Papaver somniferum), eran realmente útiles, pero su producción presentaba variaciones considerables. En 1820, el químico francés Joseph Pelleterier preparó el alcaloide activo de la corteza de la quina y lo llamó quinina. Después de este éxito aisló diversos alcaloides más, entre ellos la atropina, obtenida de la belladona, y la estricnina, obtenida de la nuez vómica.

Su trabajo y el de otros investigadores hizo posible normalizar diversas medicinas y extrajo de forma comercial sus principios activos. Una de las primeras empresas en extraer alcaloides puros en cantidades comerciales fue la farmacia de T.H. Smith Ltd. en Edimburgo, Escocia. Pronto los detalles de las pruebas químicas fueron difundidos en las farmacopeas, lo cual obligó a los fabricantes a establecer sus propios laboratorios.

a. Medicamentos sintéticos

Los productos químicos extraídos de plantas o animales se conocían como orgánicos, en contraposición a los compuestos inorgánicos derivados de otras fuentes. En 1828 el químico alemán Friedrich Wöhler calentó un compuesto inorgánico, el cianato de amonio, y obtuvo urea. Antes se aislaba a partir de la orina.

En 1856, William Henry Perkin obtuvo el primer colorante sintético, la malva. Este descubrimiento aumentó la gama de productos biológicos de tintura y aceleró el progreso de la bacteriología y la histología.

164

La investigación de nuevos colores estimuló el estudio de la química orgánica y la investigación de nuevas medicinas. El primer fármaco sintético fue la acetofenidina, comercializada en 1885 como analgésico por la empresa Bayer, de Leverkusen (Alemania) bajo la marca Phenacetin o acetaminofén. El analgésico paracetamol derivó de este compuesto.

El segundo fármaco sintético fue el ácido acetilsalicílico, sintetizado en 1889 de forma pura por el doctor Felix Hoffmann. Este fármaco se vendió en todo el mundo con el nombre comercial de Aspirina, propiedad de Bayer, como un tratamiento eficaz para los dolores reumáticos. Con este producto, Bayer creció hasta convertirse en la gigantesca empresa IG Farbenindustrie.

b. Fármacos anti-infecciosos

En 1910, el bacteriólogo alemán Paul Ehrlich obtuvo el Salvarsan a partir de compuestos orgánicos de arsénico. Fue el primer fármaco usado para curar una infección: la enfermedad venérea de la sífilis. En 1916, los científicos de Bayer inventaron un fármaco eficaz para tratar una enfermedad tropical, la tripanosomiasis africana o enfermedad del sueño.

c. Sulfamidas y antibióticos

En 1935, el patólogo alemán Gerhard Domagk, de los laboratorios Bayer, descubrió una cura para la sepsis puerperal, una infección provocada por estreptococos. Para ello uso el colorante comercializado con el nombre de prontosil. Demostró cómo la parte activa de la molécula del prontosil era el radical denominado sulfonamida. Así comenzó el desarrollo de unos fármacos nuevos conocidos como sulfonamidas o sulfamidas.

En 1928, Alexander Fleming descubrió la penicilina para tratar determinadas infecciones bacterianas. Este uso se consideró seriamente a partir de 1940. Pronto se descubrieron otras sustancias activas contra infecciones muy diversas. Se denominaron colectivamente antibióticos. Uno de los más conocidos fue la estreptomicina, descubierta por Selman A. Waksman. Junto con los productos antibacterianos isoniacida y ácido p-aminosalicílico, la estreptomicina se usa para tratar la tuberculosis.

d. El gran negocio

En la década de 1950 la industria farmacéutica consiguió la mayoría de edad. Los laboratorios farmacéuticos elaboraron fármacos nuevos y eficaces, y a veces no tan eficaces. El mercado se vio inundado de nuevos antibióticos, penicilinas modificadas químicamente para destruir a las bacterias. Se habían hecho resistentes a los productos más antiguos. Se desarrollaron también antihistamínicos para tratar alergias como la urticaria o la fiebre del heno, nuevos analgésicos, somníferos y anestésicos.

La desconfianza hacia el lucrativo negocio comenzó con la Talidomida. Este fármaco fue desarrollado en Alemania en 1953 y comercializado en este país en 1956. Era un tratamiento eficaz para la depresión en los primeros meses del embarazo. También fue usado como antiemético y antinauseas de dicho período. A finales de la década de 1950, se observó un efecto colateral. El fármaco dañaba el crecimiento de los miembros en el embrión e interrumpía el desarrollo normal de éste. La compañía alemana fue acusada de ocultar pruebas y desapareció de forma deshonrosa.

e. Financiación

La industria farmacéutica no afronta sola el coste de la investigación. El sistema es mixto, con participación pública y privada. Entre los gobiernos y los consumidores financian el 84% de la investigación en salud, según los estimativos. Solo el 12% correspondería a los laboratorios farmacéuticos, y un 4% a organizaciones sin ánimo de lucro.

Sacar un fármaco nuevo cuesta 800 millones de dólares en investigación, según la industria farmacéutica. Pero el estimativo real, según estudios, es de 80 millones de dólares. Un estudio basado en la documentación presentada ante la FDA estadounidense, organismo regulador de la venta de medicamentos, mostró resultados sorprendentes. Sólo un 20% de la inversión en investigación recae sobre productos con un aporte a la mejora terapéutica. El resto de la inversión recae sobre la comparación entre la eficacia de productos antiguos y los modificados para atender la mutación de los agentes infecciosos.

f. Los Quirales

El desarrollo de nuevos fármacos está basado en la experimentación con agentes quirales. En 1983 hubo un interés inusitado en los quirales por parte de la industria farmacéutica. Desde este nuevo enfoque farmacéutico se fabrica más del 70% de los nuevos medicamentos. La quiralidad puede influir sobre las propiedades biológicas de las moléculas. Los enantiómeros son compuestos con la misma secuencia de átomos, pero difieren en su estructura tridimensional, tienen una imagen especular.

Los quirales se clasifican en dextrógiros y levógiros (R ó S), según hacia donde se desvíe la luz, cuando se hace pasar a través de ellos: a derecha o izquierda. El átomo, llamado el centro quiral, permite la existencia de estructuras distintas ante el espejo, es decir, no se puede superponer la molécula y su reflejo. Por lo general es un átomo de carbono. Un agente quiral puede tener mejor afinidad con un receptor o una enzima. Esto puede tener consecuencias significativas sobre la acción terapéutica o la toxicidad de un medicamento.

Ello ha permitido obtener nuevos fármacos con mejores efectos sobre la tolerabilidad, la farmacocinética, la farmacodinamia y de menores interacciones farmacológicas sobre el metabolismo y la biodisponibilidad. Su mayor impacto ha sido sobre los fármacos activos para el sistema nervioso central, dando lugar al desarrollo de nuevos agentes antidepresivos (escitalopram), psicoestimulantes (dexmetilfenidato, armodafinilo) e hipnóticos (eszopiclona).

g. Críticas

Algunos críticos acusan a esta industria de la promoción de enfermedades en algunos casos, al contribuir supuestamente a medicar los problemas derivados del modo de vida actual, al llamar la atención sobre condiciones o enfermedades frecuentemente inofensivas con objeto de incrementar la venta de medicamentos.

Cerca de un 90% de los nuevos fármacos usados en Atención Primaria, no representan una mejora terapéutica respecto a otros medicamentos presentes en el mercado, con eficacia y seguridad conocida y gran experiencia de uso. Se sacan para reemplazar a otros con patentes expiradas. Las patentes en la industria farmacéutica tienen una duración de quince años. A partir de este tiempo, el producto es liberado y puede ser producido por cualquier empresa o laboratorio, como genéricos. Para los grandes laboratorios no es negocio producir genéricos, por eso se enfocan en el relevo de productos sin diferencias significativas con los existentes. En muchos casos, se ha dado a conocer los efectos colaterales de un fármaco, cuando ya ha expirado su patente, para no dañar el negocio.

En la actualidad la investigación de las compañías farmacéuticas centra su interés en el hallazgo de tratamientos mejorados para el cáncer, las enfermedades del sistema nervioso central, las enfermedades virales como el Síndrome de Inmunodeficiencia Adquirida (SIDA), la artritis y las enfermedades del aparato circulatorio. Estos males aquejan principalmente a los países desarrollados. Ellos les generan más ganancias. Poca investigación se realiza sobre las enfermedades en países subdesarrollados.

Quizá la razón de la explosión del Síndrome Dr. House en la era neoliberal se deba buscar en la industria farmacéutica y en especial en el desarrollo de productos basados en quirales. No es gratuito el hecho de la predominancia de productos para el tratamiento de enfermedades del sistema nervioso.

Quizá con los quirales usados en los fármacos para tratar el sistema nervioso, se esté obteniendo como efecto colateral la disociación de los hemisferios cerebrales. O tal vez, haya fármacos basados en quirales, específicamente orientados a producir dicha disociación. Las personas con el Síndrome Dr House tienen grandes problemas para manejar sus relaciones personales, pero socialmente son muy funcionales y fácilmente controlables. Quizá la era neoliberal esté proyectando un modelo de sociedad fundamentado en el Síndrome Dr. House. Se tendrían personas altamente racionales para los procesos productivos y sin las distracciones propias del amor y la felicidad, como diría el doctor House.

8. Neoliberalismo

El término neoliberalismo ha tendido a tener diferentes significados. Por eso es necesario delimitar el sentido asignado aquí, como uno de los factores determinantes en la génesis del Síndrome Dr. House en lo aquí denominado era neoliberal. En esta era pareciera existir una tendencia a estructurar la sociedad con las características propias del Síndrome Dr. House.

En la década de 1930, el estado de ánimo general era antiliberal por la Gran Depresión. Para unir fuerzas, un grupo de 25 liberales organizaron el coloquio Walter Lippman. El encuentro internacional tuvo lugar en París en agosto de 1938. Entre los asistentes estaban Louis Rougier, Walter Lippmann, Friedrich von Hayek, Ludwig von Mises, Wilhelm Röpke y Alexander Rüstow. Según lo planteado allí, el nuevo liberalismo debía tomar el relevo.

Después de varios intentos de imponer las ideas neoliberales en las políticas de Estado, en la década de 1960 se desestimaron y fueron relegadas a segundo plano. A finales de los años 1970, estas teorías ganaron amplia popularidad en el mundo académico y político como alternativa al fracaso del keynesianismo en la gestión de la crisis de 1973. Las ideas keynesianas sugerían una relación inversa entre inflación y desempleo, tal como sugiere la curva de Phillips. Sin embargo Milton Friedman consideró esa relación innecesaria y el fenómeno de la estanflación le dio la razón. En esas circunstancias, las ideas monetaristas ganaron credibilidad. Se implementaron medidas anti-recesión y anti-inflación. Los monetaristas tenían tres estrategias básicas:

1. Discutían el uso del aumento de la masa monetaria como instrumento para crear demanda agregada, recomendando mantener fija dicha magnitud.

2. Desaconsejaban el uso de la política fiscal, especialmente el uso del constante déficit presupuestario, poniendo en duda el multiplicador keynesiano.

3. Recomendaban una reducción en los gastos del Estado como única forma práctica de incrementar la demanda agregada.

Hoy en día el uso del término se orienta a describir las políticas económicas que eliminan los controles de precios, limitan la regulación de los mercados de capital y reducen las barreras al comercio. También reducen la influencia del Estado en la economía, especialmente mediante la privatización y la austeridad fiscal

Tanto Margaret Thatcher como la administración de Ronald Reagan pusieron en práctica estas teorías. En el Reino Unido, se realizó una fuerte reducción en el tamaño del sector público. En los Estados Unidos, similares medidas chocaron con el aparato político y la vocación militarista. Las iniciativas de reducción de impuestos prosperaron pero no las de control del gasto social o del gasto militar. El régimen militar de Augusto Pinochet en Chile, sirvió de laboratorio para el modelo económico monetarista de los Chicago Boys.

Mientras el modelo era puesto en marcha, se fueron haciendo algunas modificaciones y precisiones. En los países en desarrollo, surge una versión keynesiana con inclinación monetarista. Incorpora la aversión al déficit presupuestario y a la fabricación de dinero, pero no al concepto de intervención pública en la economía. Esta modificación fue producto del llamado Consenso de Washington en 1989. Este tipo de políticas fiscales y monetarias se pusieron en práctica a través de los organismos con sede en Washington, tales como el Banco Mundial, el Fondo Monetario Internacional, y el Tesoro de Estado Unidos, entre otros. Esta es la versión de la tecnocracia. No depende de la Naciones Unidas y está exenta del control directo de la comunidad internacional de países. Por esta razón ha terminado asociado al corporativismo internacional. En este sentido es donde el neoliberalismo se convierte en un factor determinante para la manifestación neoliberal del Síndrome Dr. House, como un resultado de acciones intencionadas hacia su génesis.

El neoliberalismo propone:

1. Dejar en manos de los particulares o empresas privadas el mayor número de actividades económicas posible.

2. Limitar el papel del Estado en la economía.

3. Privatizar empresas públicas.

4. Reducir el tamaño del Estado, es decir, una reducción del porcentaje del PIB controlado o administrado directamente por el Estado.

5. Hacer flexible el derecho laboral, mercantil y la regulación.

6. Abrir las fronteras para mercancías, capitales y flujos financieros.

Las políticas macroeconómicas recomendadas a países desarrollados y en desarrollo, incluyen:

1. Políticas monetarias restrictivas: Aumentar tasas de interés o reducir la oferta de dinero hasta lograr una inflación cercana a cero y evitar el riesgo de devaluaciones de la moneda, para evitar los llamados ciclos del mercado.

2. Políticas fiscales restrictivas: Aumentar los impuestos sobre el consumo y reducir los impuestos sobre la producción, la renta personal y los beneficios empresariales. También proponen eliminar regímenes especiales y disminuir el gasto público.

3. Políticas de regulación limitada: liberar el comercio y las inversiones por considerarlas positivas para el crecimiento económico. Fortalecer la garantía del régimen de propiedad y de la seguridad. Y se debe aumentar la movilidad de capitales y la flexibilidad laboral.

4. Política de privatización: Los agentes privados tienden a ser más productivos. El Estado debe

reducirse y dejar al sector privado la generación de riqueza.

Actores del neoliberalismo

El término neoliberalismo se ha vuelto un concepto difuso. Los sectores de opinión lo han usado como el causante de todos los males de la sociedad. Ha terminado siendo un fantasma para explicar todo y nada. Cuando se lo usa, se da por sentado un supuesto engañoso: todos saben qué es el neoliberalismo, o el modelo neoliberal. Pero la verdad, a veces muchos de quienes ejercen la opinión, tampoco tienen claro el concepto. Expresado de la forma más simple posible, y para efectos de explicar las características del Síndrome Dr. House en la era neoliberal, el modelo neoliberal está conformado por cuatro tipos de actores:

1. Los autores intelectuales.

2. Los expertos.

3. Los ejecutores.

4. Los usuarios.

Autores intelectuales

En este tipo de actores se agrupan las personas con las mayores riquezas del mundo. Son los inversionistas. Permanecen ocultos detrás de sociedades anónimas. No se exponen en público, pero ellos son quienes determinan el rumbo del mundo. Ellos deciden si el petróleo sube o baja su precio, y lo hacen en general con todas las materias primas. Deciden qué personas deben gobernar los países. Las decisiones reales en asuntos sociales, políticos y económicos, son marcadas por ellos, pero son otros quienes aparecen como los responsables de tales decisiones.

Expertos

Aquí están agrupados los investigadores académicos, y en general todas las personas del mundo intelectual. Los inversores les dan libertad de acción a estas personas, pero sólo proyectan a aquellas quienes realizan aportes para mejorar el modelo neoliberal. Los inversores necesitan la generación de ideas nuevas. En esa medida se permite la libertad de cátedra y la innovación tecnológica e investigativa. No todos los productos de estos círculos intelectuales trascienden a la sociedad, solo aquellos con un interés particular para los inversionistas. A quienes muestran productos útiles, se les promueve a la categoría de expertos. Ellos son quienes convalidan el rigor científico y la validez académica de las políticas sociales y económicas adoptadas. Son ellos quienes diseñarán los modelos para solucionar los problemas de los países desarrollados y en desarrollo.

Ejecutores

Son todos los mandatarios de estado, gerentes empresariales, y directores de organismos internacionales. Ellos aparecen ante la sociedad como los responsables de las políticas sociales y económicas, pero en realidad sólo ejecutan las decisiones tomadas en otras instancias. Son las cabezas visibles del modelo neoliberal. Ellos se apoyan en los expertos para validar las acciones adelantadas. Los expertos aportan el carácter académico para hacer creíbles los programas de gobierno y hacer presumir a la gente un beneficio en todo ello. La presencia de expertos, garantiza el ocultamiento de la verdadera génesis de las decisiones tomadas por los ejecutores. En apariencia, los ejecutores reciben asesoría de los expertos y con base en esa asesoría toman las decisiones. Por eso aparecen como si ellos tuvieran autonomía para la toma decisiones, pero la decisión está implícita en la asesoría. A su vez, la asesoría es impartida por el académico alineado con los intereses de los inversionistas. Éstos no le dicen al experto qué decir en las asesorías. Los inversionistas sólo definen quién puede o no ser un experto y eso garantiza su anonimato detrás del telón de las verdaderas decisiones. Eligen como experto a quien hablará como si fueran ellos quienes hablaran.

Usuarios

Son quienes padecen las políticas sociales y económicas del modelo neoliberal. La sociedad en general ve restringidos sus estilos de vida en virtud de unos ordenamientos impuestos por personas no visibles para la mayoría de las personas. Ellas ni siquiera conocen de su existencia. Cuando deben culpar a alguien de sus males, siempre dirigen sus diatribas hacia los gobernantes, gerentes de empresa o directores de organismos. La mayoría de las veces, también desconocen a los expertos detrás del diseño de las políticas, los sistemas, los planes de desarrollo y demás estrategias para mantener a la sociedad alineada con los intereses de los autores intelectuales del nuevo orden mundial.

Luis Carlos Molina Acevedo

Síndrome Dr. House en la era neoliberal

En la era neoliberal, los inversores y expertos parecen haber descubierto el mecanismo de la desesperanza creado a través de las guerras y las grandes epidemias. La historia nos muestra a la guerra como una solución para las sociedades atascadas. Cuando era difícil hallar una solución para los problemas de un grupo humano, los dirigentes de éste decidían declarar la guerra a otro grupo humano, como un medio para superar cualquier crisis. Las epidemias por otro lado tenían el poder de sembrar la desesperanza de un modo generalizado. Con ellas ni los dirigentes estaban a salvo. Era una amenaza real. Igual pasa con las tragedias naturales.

Lo interesante de esas situaciones fortuitas y otras no tan fortuitas, era su capacidad para alterar la estabilidad emocional de las personas. Esto parece haber sido analizado en cualquier momento de la historia reciente y en ello tuvo su asidero el neoliberalismo. Este modelo económico, político y social, es capaz de reproducir de forma controlada, situaciones capaces de generar el estado emocional propio de momentos de crisis social, de un modo intencionado. No deja de generar suspicacia la coincidencia entre el resurgimiento del neoliberalismo a finales de 1970 y el inusitado interés de la industria farmacéutica por los quirales en la misma época. La era neoliberal parece estar anclada en estos dos acontecimientos, aparentemente no relacionados entre sí. De hecho, el neoliberalismo como filosofía, se presenta después de la gran quiebra bursátil de 1929. Los años posteriores fueron una época de gran depresión, no tanto económica, sino psíquica.

Síndrome Dr. House

A finales de 1970, el neoliberalismo deja de ser una teoría filosófica para convertirse en una teoría económica. Se vuelve el eje determinante de las políticas de Estado. A su vez, la industria farmacéutica, ve en los quirales la oportunidad de incrementar mucho más sus ya, de por sí, grandes ganancias. Los quirales facilitaban la manipulación de las moléculas para producir unos determinados efectos de los fármacos en el organismo de las personas, en especial en su sistema nervioso. La teoría económica permitía reproducir de forma artificial unas condiciones sociales (sustitutos de la guerra y las epidemias) para alterar la estabilidad emocional de las personas. Y con la manipulación de los fármacos mediante los quirales, se podía alterar la estructura bioquímica de las personas para facilitar la disociación de los hemisferios cerebrales.

Se tienen, entonces, dos escenarios posibles para la génesis del Síndrome Dr. House:

1. Antes de la era neoliberal, el síndrome era un efecto colateral de unas situaciones ambientales y de nutrición, dadas de forma no intencionada.

2. En la era neoliberal, el síndrome es el objetivo de unas situaciones ambientales y bioquímicas, creadas de forma intencional.

Antes de la era neoliberal, la peste creaba unas condiciones sociales de desesperanza, de temor, de miedo frente a la muerte. La existencia del ser humano dependía de factores externos, no controlables por ese ser humano. La muerte indiscriminaba, creaba un gran colapso en todas las estructuras sociales. Los alimentos y los medicamentos escaseaban. El ser humano no disponía de las mismas condiciones de nutrición. El organismo se debilitaba. Estos dos factores, los ambientales y los nutricionales propiciaban las condiciones para la disociación de los hemisferios cerebrales y la aparición del Síndrome Dr. House. El proceso es similar para los tiempos de guerra.

En la era neoliberal, en cambio, los factores ambientales son creados artificialmente y el debilitamiento del organismo se crea mediante la manipulación bioquímica. Los quirales no sólo son fundamentales para la industria farmacéutica, sino también para la industria alimenticia. Ya no se requiere la peste o la guerra para alterar la estabilidad emocional de las personas. Ahora se puede crear de modo artificial. El desplome de la bolsa de forma inesperada, las quiebras financieras, reducir drásticamente el empleo estatal y aumentar ostensiblemente el desempleo, son ejemplos de condiciones ratifícales para alterar la estabilidad emocional de las personas. El resto del trabajo para desatar el Síndrome Dr. House, lo hacen los componentes bioquímicos ingeridos a través de fármacos o alimentos adicionados con vitaminas, minerales y quién sabe qué más cosas.

Síndrome Dr. House en la sociedad

Cuando se observan las características de fondo de la era neoliberal, se descubre algo sorprendente. El neoliberalismo parece estructurado con las características del Síndrome Dr. House. El síndrome ha trascendido la esfera de la persona y ha perneado la organización de la sociedad. Así como a nivel de la persona hacíamos una correlación con los hemisferios cerebrales, a nivel del neoliberalismo se puede hacer la siguiente correlación:

1. Las corporaciones (los autores intelectuales) se corresponden con el hemisferio derecho del cerebro.

2. Los órganos de ejecución (gobernantes, gerentes, directores) se corresponden con el hemisferio izquierdo del cerebro.

De acuerdo con estas correlaciones, el hemisferio derecho de la sociedad oculta las manipulaciones sociales y económicas, haciéndolas pasar por políticas democráticas de Estado (en el caso de gobernantes), acciones de reingeniería (en el caso de gerentes del sector productivo), o acciones filantrópicas (en el caso de organismos internacionales). El hemisferio izquierdo de la sociedad parece ostentar toda la racionalidad de los procesos, pero se le escapa el accionar invisible del hemisferio derecho. Éste ejerce toda su capacidad de manipular, de mentir, y de simular, para hacerle creer al hemisferio izquierdo el espejismo de la autonomía en la toma de decisiones.

Mientras en el Síndrome Dr. House de las personas, la meta del engaño a los demás es la satisfacción psíquica, en la sociedad el engaño tiene como meta evadir las responsabilidades por los daños y problemas causados. En la forma personal y de la sociedad, el rasgo psicópata es determinante:

1. En las personas el síndrome se caracteriza por un comportamiento psicópata.

2. En la sociedad el síndrome se caracteriza por un accionar psicópata.

El accionar psicópata de la sociedad se caracteriza por tener unos actores invisibles (serían algo así como el hemisferio derecho de la sociedad) quienes actúan de manera oculta para desencadenar procesos con los cuales los miembros de la sociedad (El hemisferio izquierdo) actúan, sin saber por qué lo hacen. Un poder invisible actúa sobre lo visible. Hay una disociación social entre los autores intelectuales y los miembros de la sociedad. En ese sentido, el modelo neoliberal reproduce en el plano de la sociedad, las mismas características funcionales del síndrome en la persona y de esa manera se logra el control social de forma más efectiva. Mientras en la persona el Síndrome Dr. House evade un malestar emocional mediante un malestar físico, en la sociedad se evade una responsabilidad intelectual mediante una responsabilidad de ejecución. Son los gobernantes quienes cargan con la responsabilidad de los fracasos de las políticas sociales y económicas, y no sus verdaderos gestores. Los gobernantes ni siquiera son conscientes de ser instrumentos para la ejecución de un plan mayor. Es igual a como pasa en el cerebro de la persona con el síndrome. El hemisferio izquierdo no se da cuenta del accionar del hemisferio derecho, pero a él le corresponde construir la racionalidad de un comportamiento, del cual se le escapa el conocimiento de su verdadera naturaleza.

Al hemisferio izquierdo le corresponde contar la historia de la persona, de la sociedad. La pregunta es y ¿cuál es la historia de la persona o de la sociedad estructurada a partir de las características del Síndrome Dr. House? Con seguridad es una historia sesgada, porque el hemisferio izquierdo no posee todos los elementos de juicio para contar una historia lo más objetiva posible. Siempre desconoce el accionar engañoso del hemisferio derecho. La historia de la persona y de la sociedad, es una historia engañosa. Las responsabilidades están depositadas en quienes no son los verdaderos responsables del curso tomado por los acontecimientos.

Luis Carlos Molina Acevedo

Cuarta parte

CONCLUSIÓN

Llegados a este punto, es el momento de hacer una recapitulación de lo dicho hasta aquí, a modo de conclusión.

El Síndrome Dr. House es un comportamiento inconsciente de las personas quienes hacen pasar una dolencia emocional como si fuera una dolencia física. Este comportamiento se presenta cuando hay una disociación de los hemisferios cerebrales. El hemisferio derecho es capaz de operar procesos sin ninguna o poca intervención del hemisferio izquierdo y por eso la persona no puede hacer una elaboración racional de su malestar emocional. En vez de ello, se produce una proyección engañosa sobre el cuerpo para ocultar la verdadera causa de la infelicidad, de la insatisfacción de la persona frente a la vida. El engaño, la mentira, no sólo despista a la persona, sino también a los sistemas de salud con sus médicos y sus dispositivos tecnológicos de última generación. El médico le puede decir a la persona, después de exhaustivas pruebas clínicas: no tiene nada. Entonces la persona con el síndrome representará otras simulaciones hasta convencer al médico de su equivocación. Las pruebas clínicas continuarán y en vez de acercarse a la verdad, incrementan el misterio. Las simulaciones de la persona con el síndrome son creíbles para cualquiera. Sólo se debe mirar a la persona para deducir la coherencia de cuanto manifiesta de forma verbal y no verbal. Es una persona infeliz, insatisfecha, cansada, sola. Tanto síntoma junto no puede ser fingido. Deben ser causados por una extraña enfermedad, no captada por el instrumental médico. La satisfacción psíquica del hemisferio derecho es cada vez mayor y ello lo estimula a ingeniarse trucos cada vez más elaborados para burlarse de los idiotas con bata blanca, como diría el doctor House, y de las personas alrededor del enfermo con el Síndrome Dr. House.

La asistencia sanitaria universal se ideó como una estrategia para proteger de la peste a las personas con el poder económico y político. Las indulgencias no eran el seguro imaginado. El único seguro en verdad seguro, era proteger a todo el mundo de la peste. El contagio de los pobres puede alcanzar también a los ricos, por eso se debe mantener "saludables" a los pobres. Ellos son los más propensos a enfermar por sus hábitos alimenticios y de vida desordenada. Es mejor no arriesgarse a morir con ellos. Es mejor sacrificar algo de dinero disfrazado de inversión social, pero realmente es una protección para la clase pudiente.

La asistencia sanitaria universal echó a volar la imaginación de los expertos en modelos económicos y políticos. Vieron en esta engañosa oferta filantrópica de los gobiernos, una oportunidad para asegurar el tan anhelado control total. Los Tres Reyes Magos de Harvard diseñaron sistemas de salud para todos los países en vías de desarrollo. Era la mejor forma de controlar la población sin despertar sospechas. Con la distracción de la salud como un derecho, se llevó a las personas a registrarse en las bases de datos. Las personas, gustosas, dan todos sus datos de ubicación, en la falsa creencia de recibir algo a cambio. Con los sistemas de salud se puede saber en dónde está cada ciudadano, qué hace, en qué grupos primarios está inmerso. Toda la información detallada es provista por las personas sin resistencia alguna. Como todas no alcanzan a estar afiliadas a salud por las empresas, se provee la afiliación subsidiada. Esto es más barato en comparación con el montaje de grandes agencias de inteligencia. Se logra una efectividad hasta del 90%. Ningún otro sistema alcanzaría una cifra tal, sobre todo de forma voluntaria. Los sistemas de salud es la forma tomada por los sistemas de control social y político en la era neoliberal.

La era neoliberal, o el modelo neoliberal como otros lo denominan, se ha encargado de crear unas condiciones sociales, políticas y económicas para garantizar el pleno funcionamiento de los sistemas de salud, desde el punto de vista del control. A los expertos no les preocupa los problemas de atención en salud, generados por los sistemas de salud. Ellos siguen cumpliendo el cometido para el cual fueron creados, el control. El funcionamiento del sistema no se garantiza curando enfermos, sino creando enfermos. Cada vez se crean nuevas condiciones sociales, políticas y económicas para producir una mayor cantidad de enfermos tolerables. Se necesitan enfermos emocionales, no enfermos de peste. A los enfermos emocionales se los puede calmar con analgésicos. El paro laboral aumenta y la cifra de enfermos emocionales crece. Las quiebras financieras de disparan de un día para otro y la curva de nuevos enfermos emocionales muestran pendientes insospechadas. Los nuevos enfermos emocionales corren a los sistemas de salud a llevar nueva información con la cual alimentar las bases de datos. El Síndrome Dr. House se expande como una epidemia con cada accionar de los expertos neoliberales.

A los enfermos con el Síndrome Dr. House se les escapa la verdadera naturaleza de su malestar, por la sofisticada manipulación de los expertos neoliberales. Descubrieron la clave para lograr la disociación de los hemisferios cerebrales. Las personas se volvieron dependientes hasta en los temas de su salud. Antes, las personas se consideraban responsables de su propia salud. Ahora ven a los sistemas de salud como los responsables de su salud. A las personas de les olvidó de un día para otro las formas tradicionales de mantener la propia salud. Antes las personas mantenían cerca de su lugar de residencia, plantas medicinales a las cuales acudir en caso de enfermedad. Ahora las personas ven a la naturaleza como un basurero en donde depositar sus excrementos y desechos tóxicos. El Síndrome Dr. House pareciera estar presente en las grandes corporaciones económicas. Sus actos se han vuelto irracionales. Parecen artificios del hemisferio derecho para destruir y autodestruirse.

Síndrome Dr. House

"La Enfermad Como Camino" se ofrece como un método educativo para volver a enfocarse en la salud en tanto responsabilidad personal y de nadie más. Es desde la consciencia trascendente como debe buscarse el significado de los síntomas. La enfermedad es un vehículo para expresar un simbolismo a la espera de ser interpretado. La interpretación puede llevar a la verdadera curación. Los argumentos presentados por los autores tienen gran validez. Pero ellos ignoran algo fundamental. Se requieren bases bioquímicas para poder avanzar hacia la validez de las interpretaciones. Cuando se habla de bases bioquímicas, no se hace alusión a fármacos, sino vitaminas, oligoelementos, proteínas llevadas al organismo con una sana alimentación. La persona con el Síndrome Dr. House no puede avanzar hacia la validez de la interpretación de su dolencia emocional porque carece de una base bioquímica sólida para ello. La disociación de los hemisferios cerebrales no se logra sólo con manipulaciones sociales, políticas y económicas. A ello debe agregarse una manipulación alimenticia. Los quirales no sólo son una fuente de enriquecimiento rápido para la industria farmacéutica. Ahora también se han extendido a la industria alimenticia.

Cuando se entra a un supermercado o mercado de superficie, sorprende ver la uniformidad alcanzada en el consumo en general. En la alimentación en particular, se ofrecen los mismos productos. No importa la marca comercial seleccionada. Todos contienen los mismos ingredientes. Toda bebida refrescante contiene ácido cítrico, ácido ascórbico, edulcorante, sabor artificial, colorante artificial, entre otras cosas. Los alimentos de supermercado son enriquecidos con minerales y vitaminas. Todo ello se logra gracias a los quirales. Hasta la leche dejó de ser natural para volverse un producto de laboratorio. A los quirales se agrega la manipulación genética. Con tanto producto de laboratorio, no debe extrañar la falta de base bioquímica de la persona con el Síndrome Dr. House. Estas son personas con una pobre alimentación natural. Ingieren demasiada comida "chatarra", bagazos despojados de sus cualidades naturales. Los productos de la industria alimenticia son simulaciones de laboratorio. Simulan ser productos naturales, pero de natural sólo conservan la forma en algunos casos. Sus contenidos son fármacos disimulados con nombres de vitaminas y oligoelementos.

La industria farmacéutica está alineada con el sistema neoliberal para lograr cada día un mayor debilitamiento del hemisferio izquierdo. Parece ventajoso un mundo lleno de enfermos emocionales, dependientes de los fármacos legales o ilegales. Las ganancias con la venta de analgésicos, son bastante grandes. El número de adictos a fármacos y a sustancias psicotrópicas crece cada día. Los dependientes son más fáciles de controlar. Los sistemas de salud se han vuelto las farmacias de la industria farmacéutica. Se recetan analgésicos para todo mal conocido y desconocido. La era neoliberal ha logrado inyectar el bienestar momentáneo como el mejor mecanismo de control social. La meta, sentirse bien. No importa cómo ni por qué. Lo importante es evadirse de la realidad, escapar al rigor del hemisferio izquierdo.

La era neoliberal ha creado un mundo de intoxicación como si fuera la simulación de un mundo perfecto. Las puertas de la percepción han sido alteradas mediante la disociación de los hemisferios cerebrales. Antes de Freud, la sociedad tenía una estructura psíquica marcada por la histeria. Durante la existencia de Freud, la sociedad adoptó una estructura psíquica marcada por la neurosis. Ahora la sociedad ha cambiado a una estructura psíquica marcada por la esquizofrenia. Es la liberación de las puertas de la percepción. Ahora las personas pueden hablar con ángeles sin ser calificados de locos. Muchas presentan pruebas de sus encuentros cercanos con extraterrestres, y se los sigue considerando cuerdos. Parece haber una transición desde el dominio del hemisferio izquierdo hacia un dominio del hemisferio derecho en los procesos cerebrales de las personas. Quizá el patrón para medir la cordura de las personas, comience a estar dado en adelante por el Síndrome Dr. House.

No solo el funcionamiento de las personas parece estar determinado por el Síndrome Dr. House en la era neoliberal, sino también el de la sociedad. Mientras en las personas el síndrome determina un comportamiento psicópata, en la sociedad determina un accionar psicópata. El Síndrome Dr. House a nivel de la sociedad, está caracterizado por la correlación del hemisferio derecho con las corporaciones donde se toman las decisiones, detrás de las cuales se evade la identidad de los inversionistas, y la correlación del hemisferio izquierdo con quienes ejecutan y acatan las decisiones.

La era neoliberal está estructurada para evadir las responsabilidades en la toma de decisiones mediante responsabilidades de ejecución. Un gobernante se puede reemplazar con facilidad por otro, pero un inversionista no. El tiene los recursos de capital necesarios para mantener funcionando el mundo. Por eso la racionalidad de la sociedad ha perdido la capacidad de contar la historia objetiva. Ahora la sociedad parece conformada por personas con grandes problemas para relacionarse con otras sentimentalmente, pero alta mente funcionales en lo productivo, porque ya no tienen las distracciones del amor y la felicidad. La felicidad, el bienestar y la satisfacción, se volvieron objetos de consumo. En una pasta de Vicodín se los puede ingerir todos juntos, sin la complicación de abrirse a otros. Es el caminar seguro hacia la individualidad como máxima meta del capitalismo en la era neoliberal.

En la temporada 6, capítulo 21, House acude a terapia con el psiquiatra Nolan. Lleva un año asistiendo a la terapia. Hablan de varios temas relacionados con su dolencia emocional. El diálogo final es el siguiente:

40:11. House: Es todo lo que tengo.

Nolan: Relaciones.

—Bergman. Qué quieres que diga.

—No lo sé. Tú eres quien dijo eso. Algo sobre las relaciones te hace salir y provocar una lucha. Wilson y Sam tienen una relación. No te emociona demasiado. Son felices.

— ¿Por qué iba yo a joder eso? Todo el mundo es feliz. Todos se mudan juntos Wilson y Sam, Cuddy y Lucas. Incluso Alvie…

— ¿Cuddy y Lucas van a vivir juntos? Eso no lo has mencionado.

—Ya habían hablado de mudarse juntos antes. No es gran novedad.

—Cuddy... Cuddy. Aproximación al abdomen agudo (Título de libro). Escrito por Ernest T. Cuddy M.D. ¿Alguna relación con tu Cuddy?

—Su bisabuelo. Lo he tenido por años. Siempre quise entregárselo para una ocasión especial.

—Como la... ¿inauguración de su piso?

—Es sólo un regalo.

— ¿Una mujer de la que te preocupas, se está alejando un paso más de ti y cercano a alguien más? Yo, yo creo que puedo decir con seguridad, sí, es significante si no lo mencionas. Ustedes estaban deseando castigar el marido de su paciente porque te identificas con él. También está perdiendo a alguien que ama.

—No me iré de copas debido a una mujer con la que ni siquiera estoy. Se está mudando con alguien. Eso sería patético. Al diablo con esto. Cuando vine contigo, te dije que quería ser feliz, y seguí tu consejo. Y en cambio, soy sólo un miserable. ¿Qué bien me está haciendo?

—Esto lleva tiempo.

—Llevo un año haciendo todo lo que me pides y todos los demás son felices. Yo doy vueltas en mi rueda de andar, tú te sientas ahí y miras. Eres un curandero. Te aprovechas de la gente que quiere creer. Pero en tu bolsa de trucos no hay nada.

—House…

—Cualquiera que sea la respuesta, tú no la tienes.

House lo descubre, no hay cura para su dolencia emocional. Se volvió adicto a Vicodín para evadir su problema, como un escape de su miserable realidad. Se desintoxicó con la falsa esperanza de alcanzar la felicidad. Se sometió a terapia porque quizá era un asunto psicológico. Pero tampoco pudo salir del pozo psíquico. Esa es la triste realidad de las personas con el Síndrome Dr. House. No pueden curarse de él ni con medios físicos ni psicológicos. La dolencia emocional tiene gran capacidad para camuflarse. Cuando se la aborda desde la medicina, toma forma emocional. Y cuando se la aborda desde la psicología, toma forma física. La dolencia emocional a partir de la cual se genera el Síndrome Dr. House, es un camaleón. Se camufla según sean las características del entorno. Nadie puede observarlo directamente. Sólo puede contemplarse su rastro, cuando hace rato ha pasado por allí.

House no puede ocultar su decepción. Durante un año fue capaz de padecer algo imposible para él: tener fe. Llegó a creer en la posibilidad de curación a través de la terapia. Podía tener un espejo en donde ver el reflejo de su racionalidad. Muy tarde descubre la verdadera condición del psiquiatra. Él es solo un curandero. Él no tiene la fórmula para poner al descubierto su mal. En su bolsa de trucos no hay nada para él. La respuesta para su padecimiento no la tiene él. Le prometió llevarlo a la felicidad, pero su soledad se acentúa cada vez más. Las personas de su entorno se alejan para irse a vivir en pareja. House se queda solo, sin su amigo Wilson y sin su amor platónico Cuddy.

En la temporada 6, capítulo 22 o final de temporada, House acaba de enfrentar la muerte de una paciente. Dolido, se dirige al baño de su casa. Quiebra el espejo. En un agujero entre la pared, hay dos frascos de Vicodín. Toma dos pastillas y antes de llevarlas a la boca, aparece Cuddy. Se desarrolla el siguiente díalogo:

41:22. Cuddy: Es tu elección si quieres volver a las drogas

—Bien. Para que lo sepas. Encuentro difícil de ver la desventaja.

—Necesitas volver a vendar tu hombro.

— ¿Es por eso que estás aquí? ¿Foreman de envió?

—No

— ¿Estás aquí para gritarme de nuevo? Bien, me estoy quedando sin ideas.

—Lucas…

—Oh, genial. ¿Te sientes incómoda de nuevo? Probablemente significa que acabas de regresar de una boda rápida en Las Vegas. O estás embarazada.

—Lo terminé.

— ¿Qué?

—Estoy atascada, House. Sigo queriendo avanzar. Sigo queriendo seguir adelante, y no puedo. Quiero decir, mi nueva casa, con mi nuevo novio, y todo en lo que puedo pensar es en ti. Solo necesito saber si tú y yo podemos trabajar.

— ¿Crees que puedo curarme yo mismo?

—No lo sé.

—Porque soy la persona más arruinada del mundo.

—Lo sé. Te amo. Quisiera que no. Pero no puedo evitarlo.

House se levanta del piso y besa a Cuddy, luego dice:

— ¿Cómo sé que no estoy alucinando?

— ¿Tomaste Vicodín?

—No.

—Entonces creo que estamos bien.

—Sí

House nunca fue capaz de expresarle a Cuddy su amor. Debió ser ella quien diera el primer paso. El principio de realidad de House ha sido muchas veces engañado. Por eso pregunta ¿Cómo sé que no estoy alucinando? Ya no es capaz de distinguir entre lo real y no real cuando se trata de relaciones con el sexo opuesto. El Síndrome Dr. House lo ha vuelto inseguro. Todavía no está curado, lo sabe muy bien. No sabe si está preparado para recibir una declaración de amor de su amor platónico. Nadie ha podido curarlo. ¿Crees que puedo curarme yo miso?, pregunta. Es un acto de sinceridad con la mujer. Luego agrega: soy la persona más arruinada del mundo. No entiende cómo una mujer puede estar enamorada de él.

Síndrome Dr. House

En la temporada 7, la relación romántica de House y Cuddy prospera. Las inseguridades de House aparecen con frecuencia. En algún momento ella se puede cansar de él y lo dejará, es su pensamiento angustiante. En algún momento él no logrará contener su dolencia emocional y estropeará todo con su comportamiento antisocial, es el temor expresado a su amigo Wilson y a su amor platónico. Y efectivamente, House lo estropea todo. Vuelve a doparse con Vicodín cuando creyó perder a Cuddy por enfermedad de cáncer. Luego, en un ataque de celos estrella su auto contra la casa de Cuddy y ella termina por irse del hospital. House vuelve a la infelicidad, a la insatisfacción, al cansancio, a la soledad. Eso está en su temperamento y no puede evitarlo. Está contagiado con el Síndrome Dr. House.

Luis Carlos Molina Acevedo

BIBLIOGRAFÍA

Argyle, M. (1987). La psicología de la felicidad. Madrid: Alianza Editorial.

Avia, M., y Vázquez, C. (1998). Optimismo inteligente. Madrid: Alianza Editorial.

Baron Leguizamón, Gilberto. Colombia: Cuenta de Seguridad Social. La Seguridad social en América Latina y el Caribe. Una propuesta metodológica para su medición y aplicación a los casos de argentina, Chile y Colombia. CEPAL- Naciones Unidas. Centrágolo, Oscar (editor)- Mayo de 2009

Blake, William (2007). Matrimonio del cielo y del infierno. Sevilla: Renacimiento.

Carlos García Villanueva: La industria farmacéutica en América Latina. Instituto Mexicano del Seguro Social, Secretaría General, Departamento de Asuntos Internacionales, 1982. ISBN 968-824-129-6

Chasing Zebras: The Unofficial Guide to House, M.D. by Barbara Shyette Barnett. Published by ECW Press. 2010, 429pp.

Congreso de Colombia, Ley 100 de 1993.

David Harvey, A Brief History of Neoliberalism (2005). En Español: Breve historia del neoliberalismo (2007) Madrid: Akal.

Davis, Mellar P. (2005). «Hydrocodone». Opioids for cancer pain. Oxford UK: Oxford University Press. pp. 59–68.

El Derecho a la salud, OMS, Nota descriptiva N°323, Agosto de 2007.

Elmendorf, Douglas W. (junio de 2011). «CBO's 2011 Long-Term Budget Outlook». Congressional Budget Office. p.44.

Fabrice d'Almeida (2005). La manipulation. París: Presses universitaires de France.

Freud, Sigmund Obras XIV. «Contribución a la historia del movimiento psicoanalítico», Trabajos sobre metapsicología, y otras obras (1914-1916), Editorial Amorrortu 1975 Cód:5014 Colección: Obras Completas de Sigmund Freud Edición: 2a ed., 16a reimp. Capítulo:Duelo y melancolía.

Glassman, Aamanda L. et al, editores. From few to many: ten years of health insurance expansión in Colombia.. Banco Interamericano de Desarrollo - BID y Brookings Institution. NY 2009.

House and Holmes Parallels. Radio Times (BBC Magazines Ltd.). January 2006. p. 57.

House and Philosophy: Everybody Lies. By Henry Jacoby, William Irwin. Published by John Wiley & Sons, Inc. 2009, 261pp.

House and Psychology: Humanity Is Overrated. By Ted Cascio, Leonard L. Martin. Published by John Wiley & Sons, Inc. 2011, 336pp.

Huxley, Aldous (2007). Moksha. Escritos sobre psicodelia y experiencias visionarias 1931-1963. Compiladores Michael Horowitz y Cynthia Palmer. Introducciones Albert Hofmann y Alexander Shulgin. Traducción de Eduardo Goligorsky. Colección Los libros de Sísifo. Barcelona: Editorial Edhasa.

Huxley, Aldous (2009). Las puertas de la percepción. Cielo e infierno. Traducción de Miguel de Hernani. Barcelona: Editorial Edhasa.

Julián Barrera, Néstor Meza: Planeación Estratégica de la Industria Farmacéutica.

Klein, S. (2004). La fórmula de la felicidad. Barcelona: Urano.

La Enfermedad como camino. Thorwald Dethlefsen y Rüdiger Dahlke. Traducción de Ana María de la Fuente. Editorial Debolsillo. 2009, 320pp.

La Enfermedad como camino. Thorwald Dethlefsen y Rüdiger Dahlke. Traducción de Ana María de la Fuente. Editorial Debolsillo. 2009, 320pp.

Lisa Sanders, M.D. (10 de octubre de 2004). «Diagnosis. Chest pain, recent weight loss, abnormal electrolytes». New York Times.

Marías, J. (2008). La felicidad humana. Alianza Editorial.

Million Women Study Collaborators. Breast cancer and hormone replacement therapy in the Million Women Study. Lancet 2003;362:419-27(en inglés)

Obama logra una conquista histórica. El País. 26 de diciembre de 2009.

Perez, Volmar Antonio. La tutela y el derecho a la salud. Informe periodo 2006- 2008. Defensoria del Pueblo. Bogotá 2009.

Peter D. Stonier: Careers with the Pharmaceutical Industry. John Wiley & Sons, 2003. ISBN 0-470-84328-4 (en inglés)

Philip Mirowski, Dieter Plehwe, The road from Mont Pèlerin: the making of the neoliberal thought collective, Harvard University Press, 2009, p. 14-15

Política Nacional de Prestación de Servicios de Salud - Ministerio de la Protección Social. Bogotá D.C., noviembre 2005. 76pp.

Protección de los derechos de propiedad intelectual: El caso de la industria farmacéutica en la Argentina. Manantial, 1990.

Punset, E. (2006). El viaje a la felicidad: las nuevas claves científicas. 8a. ed. Destino

R. Baselt, Disposition of Toxic Drugs and Chemicals in Man, 9th edition, Biomedical Publications, Seal Beach, CA, 2011, pp. 812-814.

Raffaele Paci: Innovazione tecnológica e intervento pubblico nell'industria farmacéutica. F. Angeli, 1990. ISBN 88-204-6411-X (en italiano)

Real Academia Española (2014), Diccionario de la lengua española (23.ª edición), Madrid: Espasa.

Robert Ornstein PhD, David Sobel MD (1988). The Healing Brain. Nueva York: Simon & Schuster Inc. pp. 98–99.

Roberts's health-care ruling sends a message to politicians. Washington Post. June 30, 2012.

Ronderos, Maria Teresa. Lo mejor y lo más débil del sistema de salud colombiano. Entrevista a expertos internacionales. Revista Semana. 2009-07-06

Savater, F. (1994). El contenido de la felicidad. Madrid: Santillana.

Seligman, M. E. P. (2003). La auténtica felicidad. Barcelona: Ediciones B.

Spiller HA. Postmortem oxycodone and hydrocodone blood concentrations. J. Forensic Sci. 48: 429-431, 2003.

Taylor C., Jordan, Gans-Morse, Boas. Neoliberalism: From New Liberal Philosophy to Anti-Liberal Slogan, Studies in Comparative International Development (SCID). pp. Volumen 44, número 2, 137–161.

The Ascent of Man. By Jacob Bronowski. Publisher Little Brown & Co. 1974, 448 pp.

Van Dijk, Teun A. (2006). «Discurso y manipulación: Discusión teórica y algunas aplicaciones», Revista signos, Valparaíso, v.39 n° 60, p. 49-74.

Walton, S. (2005). Humanidad: una historia emocional. Taurus.

Luis Carlos Molina Acevedo